消防士の知恵と技で生存率が飛躍的にアップ！

生き残る術

【人の一生と危険】（子供〜高齢者まで）

- 危険への興味を持とう。
- どのような危険があるのかを知ろう。
- 危険の怖さを知ろう。
- 危険と戦う知識と技術を身につけよう。
- 危険と戦うリーダーとなろう！
- 培った知識と技術を次に伝えよう！
- 危険を受け入れる覚悟を持とう。

みんな〜生きてるか〜い？
生きるって大切なんだ。
生きるって幸せ〜
生きるって素晴らしい！
生きるって楽しいことなんです。
生きるって素敵よ！
何が何でも生き残れ！
バウッ！
生き残る術を伝授！
ニ〜

生き残ることができないと生き延びることはできません。
本書は生き延びる前段階である生き残るをテーマとしています。

危険に遭遇⇒生き残る⇒生き延びる⇒日常

はじめに

あなたは、命に関わるような危険に遭遇したとき、生き残ることができますか？　愛する人を助けることができますか？　人が生きるためには、様々な危険に立ち向かって行かなくてはならないのです。病気やけがなどの日常的な危険、火災や重大事故などの突発的な危険、地震・台風・竜巻・豪雨・豪雪などの自然災害による危険などが、いつ・どこでも・誰にでも、起りうるのです。

想像してみましょう。季節は冬、時間は夜の0時、あなたは愛する人と寝室で就寝中です。突然地震が発生し大きな揺れが襲ってきました。家具が倒れ、壁や柱が崩れ落ち、自宅が倒壊してしまいました。あなたと愛する人は瓦礫の中に閉じ込められてしまいました。電気・ガス・水道のライフラインは停止しています。あなたは、暗闇の中なんとか瓦礫から這い出ることができました。幸いにもけがはかすり傷だけですみました。しかし、愛する人は瓦礫に挟まれ出ることができません。瓦礫の隙間から右手が少し出ています。あなたが手を握ると弱々しくも握り返してくるのが分かります。呼びかけると小さな声で「助けて」という声が聞こえてきます。

あなたは、1人では助けることができません。大きな声で助けを呼びますが誰も来ません。携帯電話も通じません。近くに公衆電話もありません。

そうしているうちに遠くで火災が発生しました。既に握られた手に力を感じることはできません。

パチパチという音とともに焦げた臭いが近づいてきます。消火器も水もなく消火する手段がありません。火は間近に迫り、炎の熱と煙で愛する人の手を離すしかありません。もう、近づくこともできません。あなたは1人呆然と立ち尽くし、愛する人が生きたまま焼け死んでいくのを見届けるしかないのです。火災は全てを焼き尽くし遠くへ去って行きました。

空が明らんでようやく人が集まってきましたが、時既に遅し全てが終わってしまったのです。あなたは何もできずに、愛する人を助けることができなかったことを後悔するのです。

それでは、愛する人を助けるためにはどうしたら良いのでしょうか?

まずは地震とはどのようなものなのかを知ること、地震が起る前に何をしておくべきか、地震が起ったときにどうするべきかを知ることです。

そして、瓦礫から救出する方法を知っておくことです。けがの応急処置や心肺蘇生法ができるようにしておくことです。

最後に、火災に対する対応ができるようにしておくことです。そのためには、自然災害、救助、救急、心肺蘇生法、火災に対する総合的な知識と技術が必要になります。

想像したことを思い出してください。あなたは、電話をしましたね? どこに電話をしましたか? 誰に助けを求めようとしましたか? ほとんどの人が119番に電話して消防に助けを求めるのです。これであなたが何を学べば良いのかが分かったと思います。そうです、消防士の知識と技術を学べば良いのです。

私は、消防士として44年間、現場に立ち続け、様々な危険と戦いこの手で多くの命を救ってきました。また、その何百倍以上の命が目の前で失われて行くのを見届けてきました。現場で私がその場に居合わせていたら、この人を助けることができたのにと思うことが何回もありました。助けることができるはずの命が、何もできなくて失われて行くのと、それが分からずに泪を流す家族を見ていると胸が痛くなるのです。

消防士は防災訓練では、初期消火訓練・避難訓練・通報訓練などを指導します。救急教室では、心肺蘇生法や応急処置を指導します。しかし、限られた時間内ではどうしても通り一遍の指導しかできないのが現状です。そして最後には皆さんからいろいろな質問を受けるのです。いつもいつもこの繰り返しなのです。『生き残る術』は、このような問題を解決し皆さんの生き残る力を強化することを目的に、消防士が対応する危険ジャンル全てと、体験談や事故事例などを盛り込み生き残るための知恵と技を総合的に学べるように構成しました。

あなたは、新米消防士レベルの知恵と技を身につけることができるのです。最低でも、もしものときに何もできずに愛する人を助けることができなくて後悔するようなことはなくなるはずです。

生き残る術を身につけ、生き残るためにできる限りのことをやりましょう！

そのための1つの手段として「生き残る術」があなたの手元にあればと思うのです。

消防士の仕事は、火災・救急・レスキューと人の命を助けることです。そのような現場に直面したとき、バイスタンダーが私だったら助けることができたのに・・・と思うことがよくあります。

大切な人を亡くして悲しむ家族を見ていると胸が締め付けられ、心が苦しくなります。私の性格でしょうか、悲しみを共有してしまうのです。助けようとする気持ちだけでは命は救えないのです。しっかりとした知恵と技が必要なのです。「生き残る術」でいつ・どこで・誰にでも起りうる危険に立ち向かうための準備をしましょう。

私の思い・・・

救えたはずの命があった・・・
オロオロオロ
どうしたらいいの・・・
ピクピクピク
亡くさなくても良かったはずの命があった・・・
うわ〜ん。
知恵と技を身につけていれば・・・
AED準備！
1・2・3・・・
もしもし。
救えた命はもっとあったはず・・・
「生き残る術」で生存率を飛躍的UPさせよう！
不安を無くし日常を楽に生きよう！

＊バイスタンダーとは、その場に居合わせた者のことじゃ。
あなたのことじゃよ。

人が生きていくうえで、どうしても避けようのない危険があります。

家庭内でのちょっとしたケガや病気、生活圏内での火災や事故、いつ・どこで起るのか予想が困難な、自然災害のような甚大な被害を広範囲に及ぼすものまで・・・。この避けようのない危険から、生き残る可能性を少しでもUPさせるために、私が消防で培ってきた知恵と技の一部を皆さんに伝授することを目的に「生き残る術」の範囲を定めました。

「生き残る術」の範囲は、4コマ目の通り皆さんの身近で起りうる可能性のある危険を中心に、消防士の対応する全ての危険を対象にしています。

生き残る術の範囲

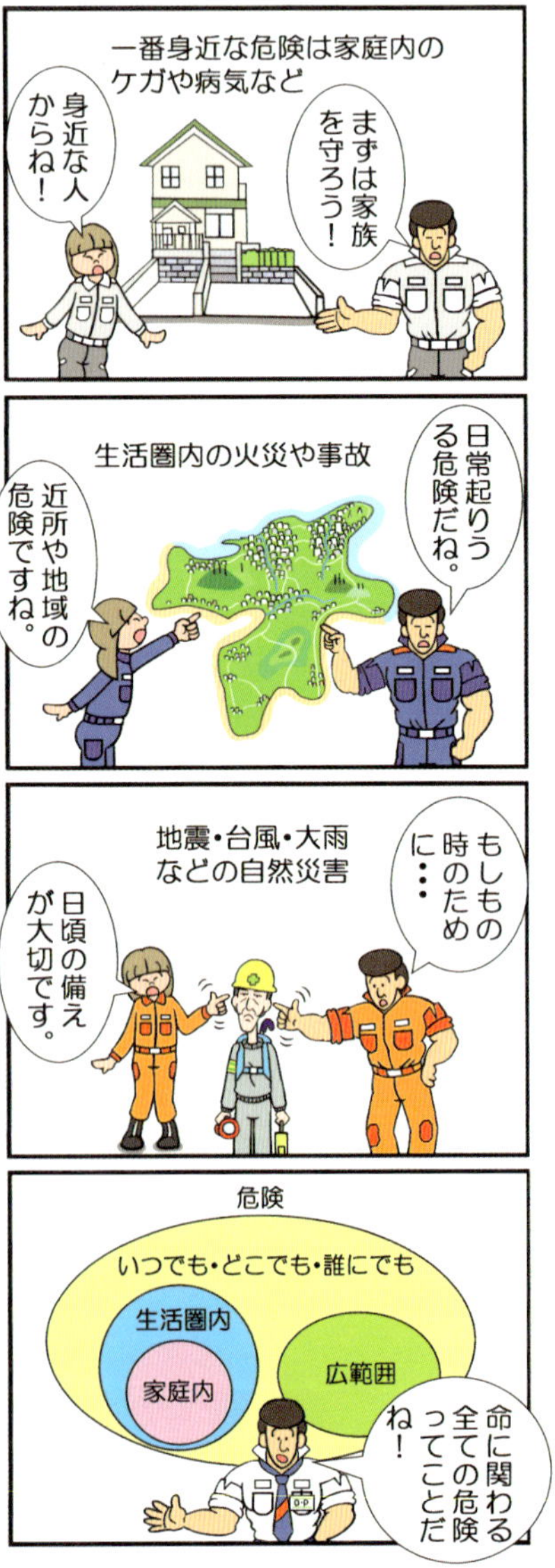
一番身近な危険は家庭内のケガや病気など
まずは家族を守ろう！
身近な人からね！
生活圏内の火災や事故
日常起りうる危険だね。
近所や地域の危険ですね。
地震・台風・大雨などの自然災害
もしもの時のために・・・
日頃の備えが大切です。
危険
いつでも・どこでも・誰にでも
生活圏内
家庭内
広範囲
命に関わる全ての危険ってことだね！

消防の仕事を知ることがポイントになるのよ！

もくじ

分け生き残る術を伝授する！

キュー　４自然災害　５救急

身近な危険を５つのジャンルに

１心肺蘇生法　２火災　３レス

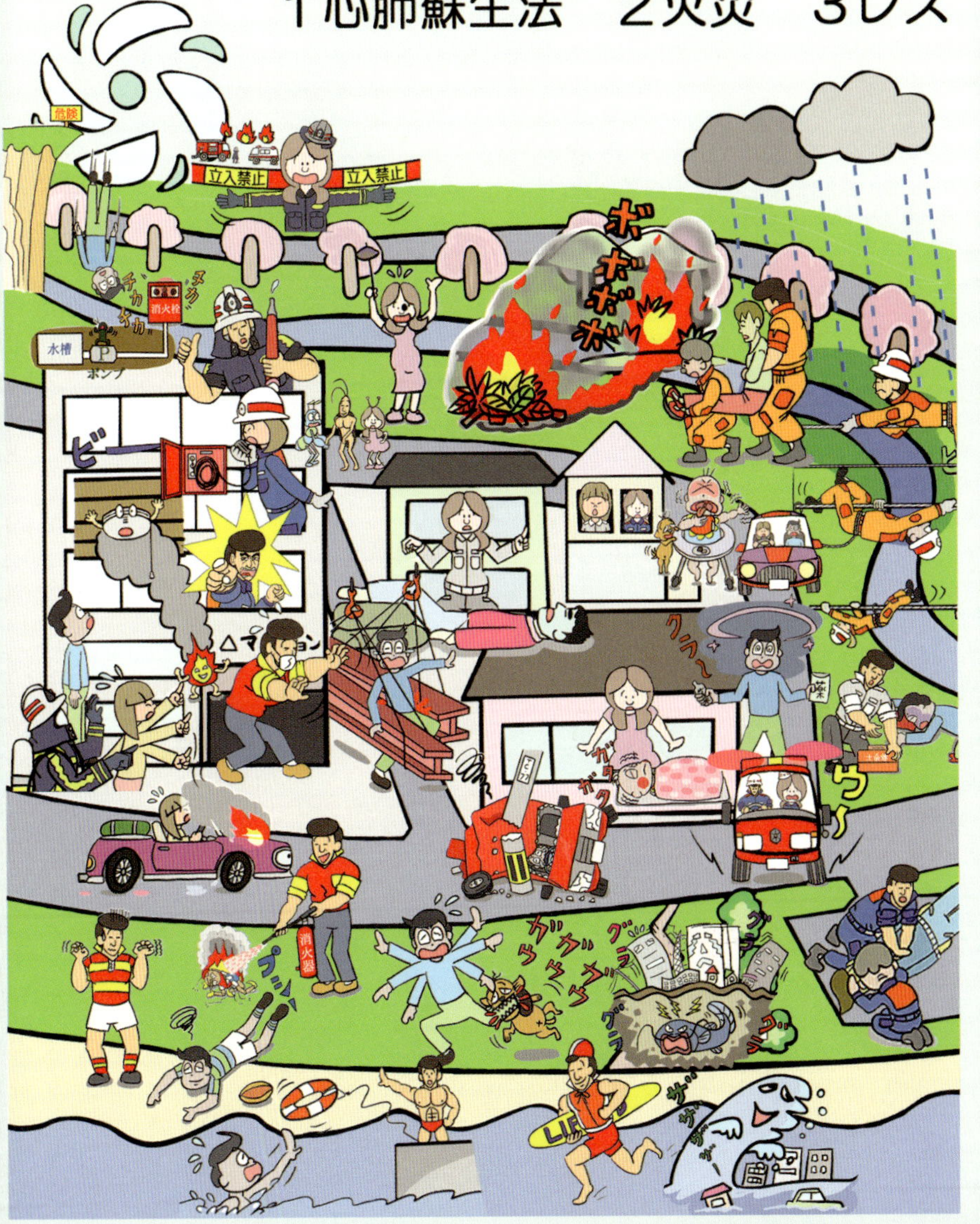

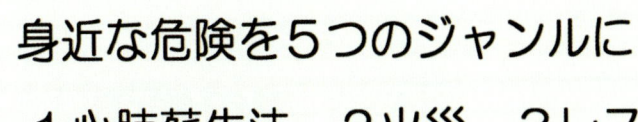

主な登場人物

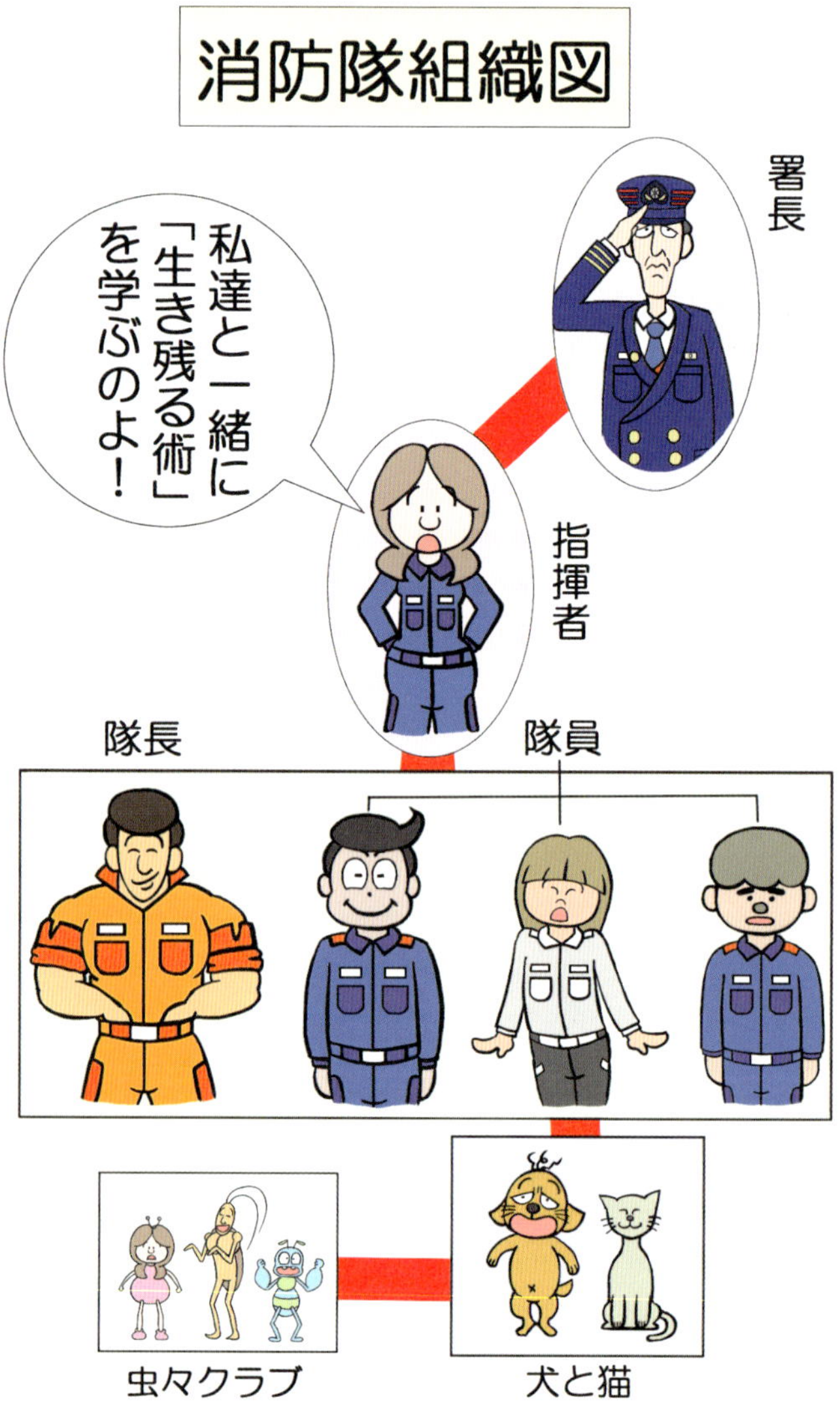
消防隊組織図
署長
私達と一緒に「生き残る術」を学ぶのよ！
指揮者
隊長
隊員
虫々クラブ
犬と猫

第1章
心肺蘇生法を
マスターしよう！

心肺蘇生法

心肺蘇生法とは、呼吸と心臓が止まった人に対して、あなたができる最後の命を救う行為なのです。呼吸と心臓が止まった状態を心肺停止状態と言い、この状態を放置すれば死に至るのです。心肺停止状態は、病気であれ、けがであれ、どんな理由でも人が死に至るときに必ず起る症状なのです。この最後の症状を改善することが人の命を救うことにつながるのです。

私は何百件と心肺停止状態の救急事案に出動しました。その範囲で心肺停止状態の人が心肺蘇生を受けなくて、ひとりでに回復したという事例はありません。あれば奇跡としか言いようがありません。

心肺蘇生法無しでは、心肺停止に陥った人の命を助けることは不可能だと言えるでしょう。それほど心肺蘇生法は大切なものなのです。

心肺蘇生を実施したからといって必ず命が助かる訳ではありません。その人が心肺停止に陥った原因、心肺停止からの経過時間、心肺蘇生法を実施するあなたの技術、その人の生命力や運など様々なハードルをクリアーしてはじめて、命を助けることにつながるのです。

さらに、命が助かったからと言って喜んではいられません。命が助かるだけではダメなんです。その人が社会復帰をすることが最終的なゴールなのです。

例えば、心肺停止による後遺症で介護が必要になったり、心臓は回復したが呼吸が回復できていなければ、病院の集中治療室で人工呼吸器につながれることになります。もちろん自発呼吸が回復し退院に至れば良いのですが、脳死状態であれば回復は不可能、心臓が止まり医師が死亡と診断するまで酸素と栄養チューブに繋がれるのです。本人は何も分からないでしょうが、家族は大変な目に遭うことになるのです。

本人の生前の意思で救命処置を拒否しているのであれば、到着した救急隊に伝えるべきです。救急隊は、命を救うためできる限りのことをします。正直、内心助からないと分かっていても任務を遂行するため病院へ搬送します。その範囲で尊厳死という概念はないと思ってください。

１００歳の末期癌・寝たきり・死ぬときは自分の家の畳の上で死にたい・尊厳死を望んでいた人が、病院へ運ばれ戻らぬ人となるのです。

後悔しないように「生き残る術」で消防士の知恵と技を学んでおきましょう。

心肺蘇生法《しんぱいそせいほう》・シミュレーション

人《ひと》が倒《たお》れている・・・
周囲《しゅうい》の安全《あんぜん》よし。
大丈夫《だいじょうぶ》ですか？
大丈夫《だいじょうぶ》ですか？
意識《いしき》無《な》し。
誰《だれ》かきて～
どうしたの？
大変《たいへん》だ！
あなたは119番《ばん》、あなたはAED。

119っと・・・
ポチッ
119番消防《ばんしょうぼう》です。火事《かじ》ですか救急《きゅうきゅう》ですか?
救急《きゅうきゅう》です。
どうしましたか?
人《ひと》が倒《たお》れています。
意識《いしき》はありますか?
ありません・・・
心肺蘇生《しんぱいそせい》は、できますか?
他《ほか》の人《ひと》がしています。
そこの住所《じゅうしょ》とあなたの名前《なまえ》を教《おし》えてください。
〇〇町《まち》〇番《ばん》〇号《ごう》、名前《なまえ》はキピです。
〇〇町〇番〇号
分《わ》かりましたすぐに救急車《きゅうきゅうしゃ》が向《む》かいます。
ふ〜

AED AED。
どこにあるんだ？
そうか！人《ひと》が多《おお》く集《あつ》まる場所《ばしょ》だ。
○○町
市民センター
駅《えき》、デパート…一番近《いちばんちか》いのは、市民《しみん》センターだ。
AED
AED
あったぞ！
人《ひと》を集《あつ》めよう…
人《ひと》が倒《たお》れてます。
なにっ！
安全・安心なまちづくり！
AED
こっちです。
救急車《きゅうきゅうしゃ》を誘導《ゆうどう》してください。
了解《りょうかい》。

呼吸《こきゅう》の確認《かくにん》。
呼吸《こきゅう》無《な》し。胸骨圧迫《きょうこつあっぱく》開始《かいし》。
1・2・3・・・30。
人工呼吸《じんこうこきゅう》開始《かいし》。
フ〜フ〜
1回《かい》、2回《かい》。
119番《ばん》しました。
AEDです。
AED使《つか》えますか？
はい。
救急隊《きゅうきゅうたい》が来《く》るまで頑張《がんば》るんだ・・・
救急隊《きゅうきゅうたい》到着《とうちゃく》。
ジヤジャ〜ン

もしも、あなたの目の前で「あなたの大切な人」が突然倒れて心肺停止状態になったらどうしますか？

あなたは迅速かつ適切な行動を取り「あなたの大切な人」の命を救うことができますか？

なにもできなくて後悔することがないように、心肺蘇生の知識と技術を修得しておきましょう。

最低限のレベルとして、119番通報したときに、口頭指導を受けて「心肺蘇生法」ができるようにしておきましょう。

心肺蘇生の重要性

心臓や呼吸が止まったら大変だね。
命の助かる可能性は時間とともに減って行くんだよ。
ただちに心肺蘇生を実施しないといけないね・・・
で、誰が実施するんだ？
え〜っと・・・
その場に居合わせた「あなた」です！
そう！あなたも私も誰でも皆だよ。
えっ、僕なの？

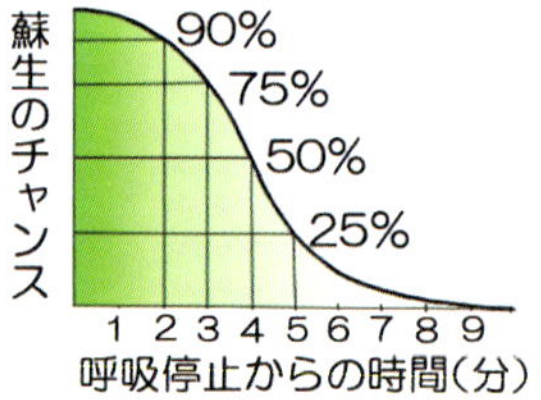
蘇生のチャンス
90%
75%
50%
25%
1 2 3 4 5 6 7 8 9
呼吸停止からの時間（分）

こんなグラフ見たことない？

倒れている人を見つけたとき、あなたには何ができるのでしょうか？何もできないでうろたえるだけではダメですよ。刻々と時間が経過していくだけで、倒れている人は死へと向かっているのです。もたもたしていると、ついには返らぬ人になってしまうのです。それが、あなたの愛する人であれば、後悔してもしきれないでしょう。

そのようなことにならないために、救命の連鎖とは、どのようなものなのかを理解しておくことが大切です。

しっかりと救急隊に引き継ぐことができるようにしましょう。

救命の連鎖

救命の連鎖ってなに？
1つ目は心停止の予防。
2つ目は早期発見と通報。
3つ目は一次救命処置。心肺蘇生とAED。
4つ目が二次救命処置と心拍再開後の集中治療。
なるほど！命を繋ぐってことか。

心停止の予防
早期発見と通報
心肺蘇生とAED
一次救命処置
心拍再開後の集中治療
二次救命処置

＊この4つが上手く連鎖すること！

救命の連鎖で、その場に居合わせたあなたの役割は、2・3コマ目の**早期認識と一次救命処置**です。

早期認識とは、いち早く傷病者が倒れているのを発見し、心肺停止状態であることを確認し、消防署へ119番通報するまでです。

一次救命処置とは、心肺蘇生法を素早く実施し、救急隊に引き継ぐまでです。しかし、1人でこれらのことを全てこなすことは、とても困難です。まずは、**助けを呼び人を集めて**ください。

その場に居合せた者のことを、バイスタンダーと言います。

119番通報
人工呼吸
胸骨圧迫
AED

救命の連鎖・あなたの役割

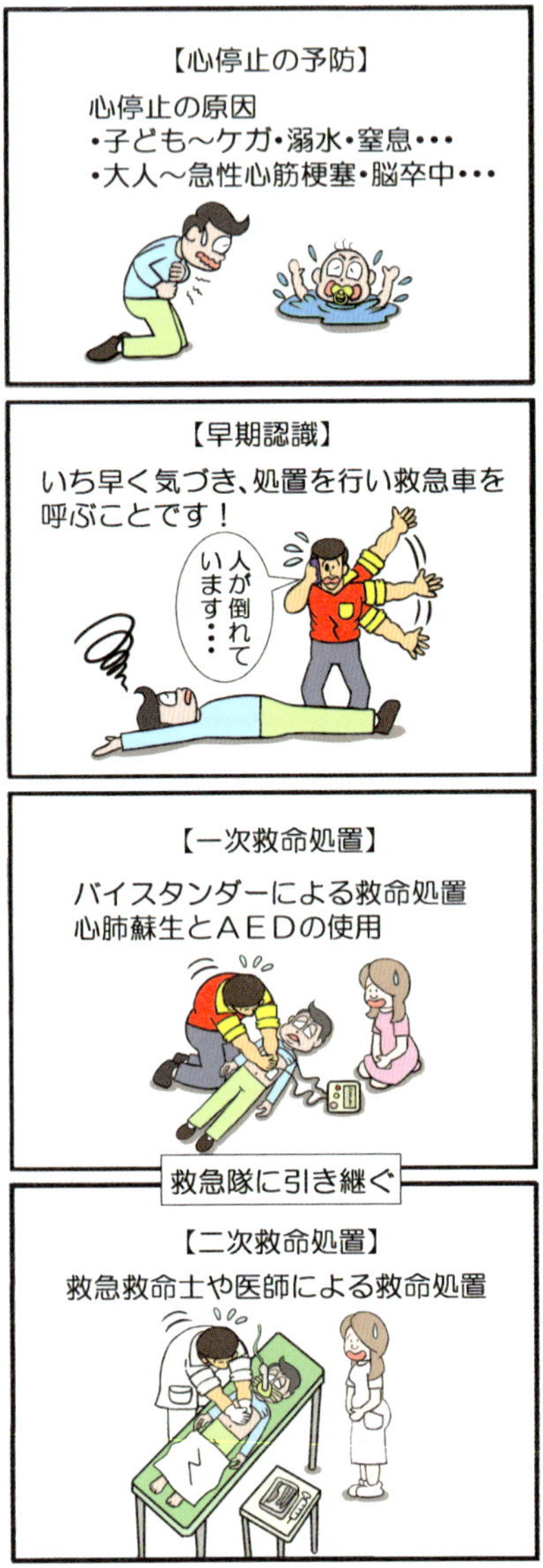
【心停止の予防】
心停止の原因
・子ども～ケガ・溺水・窒息・・・
・大人～急性心筋梗塞・脳卒中・・・
【早期認識】
いち早く気づき、処置を行い救急車を呼ぶことです！
人が倒れています・・・
【一次救命処置】
バイスタンダーによる救命処置
心肺蘇生とＡＥＤの使用
救急隊に引き継ぐ
【二次救命処置】
救急救命士や医師による救命処置

心肺停止状態の傷病者に、心肺蘇生を実施した場合としなかった場合は、大きく命が助かる可能性が違ってきます。

心肺停止から3分以内に心肺蘇生を実施しないと、蘇生しても脳に障害が残る確率が高くなり、社会復帰が難しくなります。脳は、一度死ぬと二度と再生することがないからです。また、5分を超えるとほぼ絶望的と言われています。

社会復帰のタイムリミットは3分であるということを知っておいてください。

応急手当と救命曲線

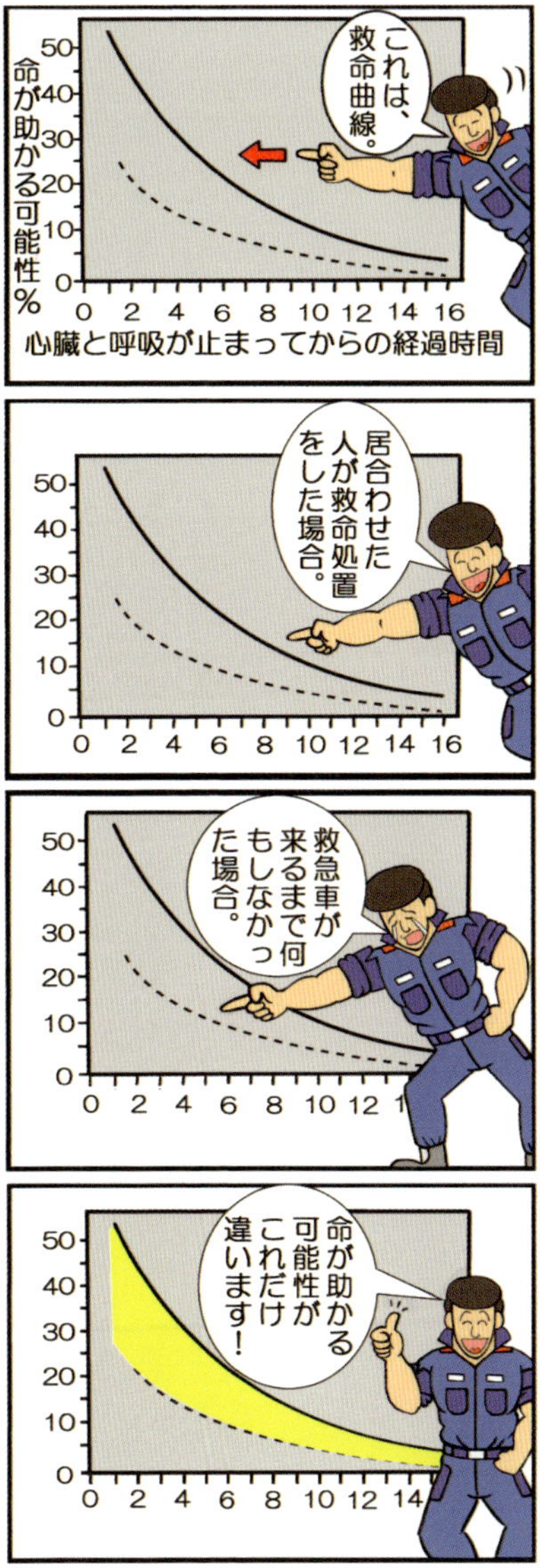
命が助かる可能性%
50
40
30
20
10
0
0 2 4 6 8 10 12 14 16
心臓と呼吸が止まってからの経過時間
これは、救命曲線。
居合わせた人が救命処置をした場合。
救急車が来るまで何もしなかった場合。
命が助かる可能性がこれだけ違います！

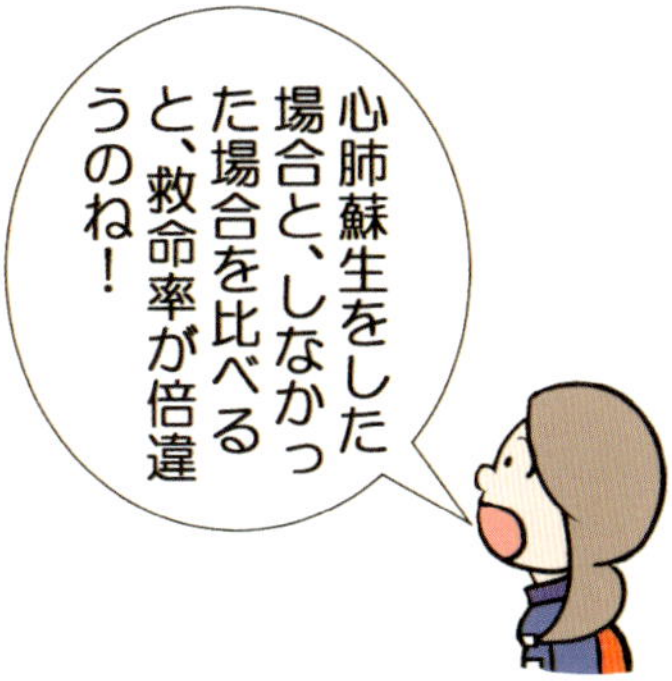
心肺蘇生をした場合と、しなかった場合を比べると、救命率が倍違うのね！

人が倒れているからと不用心に近づくと、思いもよらない二次災害に巻き込まれることがあります。

交通事故に遭った人を助けようとして、あわてて安全確認を怠り道路に飛び出してしまい、車にはねられたりしたら本末転倒です。

4コマでは、指差呼称を実施していますね。指差呼称は、危険を目で確認して指で差し声に出すことで、自分にしっかりと安全な状態であることを認識させる行為です。安全確認をするうえで、とても簡単な方法なのです。さあ、あなたも指差呼称をやってみましょう！

安全よし！
人を助ける前にまずは、自分の身の安全を確保するのよ！

人が倒れていたら

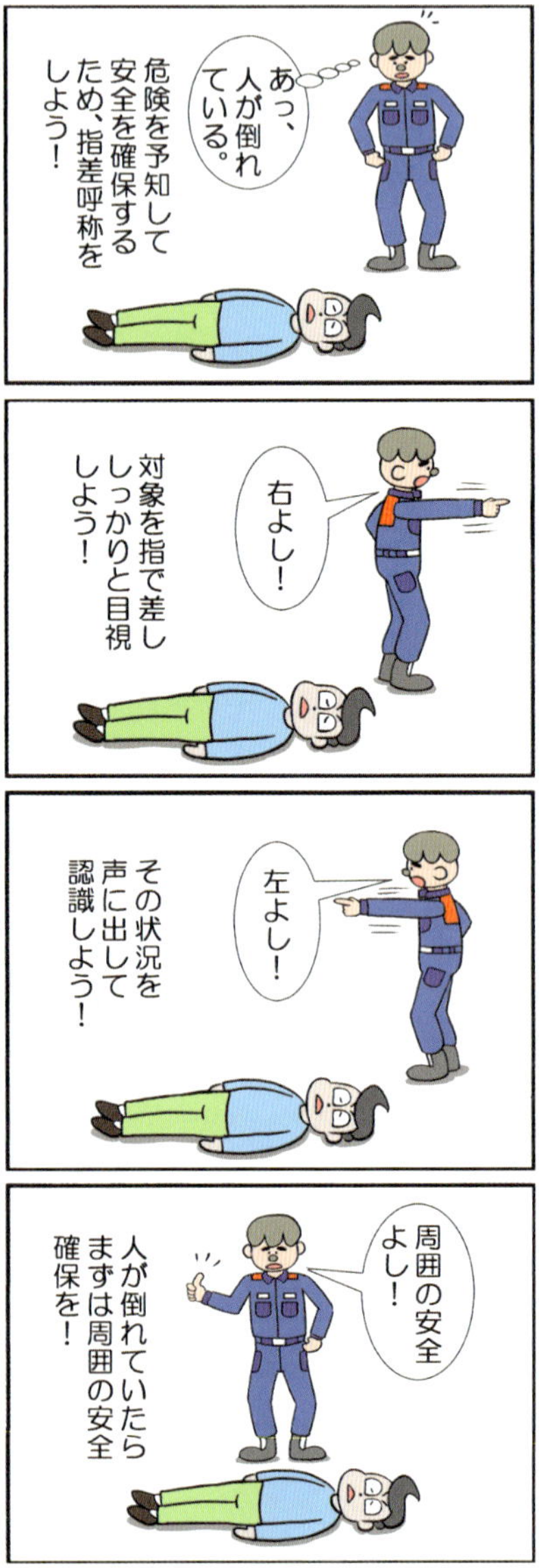
あっ、人が倒れている。
危険を予知して安全を確保するため、指差呼称をしよう！
右よし！
対象を指で差ししっかりと目視しよう！
左よし！
その状況を声に出して認識しよう！
周囲の安全よし！
人が倒れていたらまずは周囲の安全確保を！

人が倒れている場所は、危険な事故現場であると認識してください。事故が事故を呼ぶ異常な状態にある、デンジャラスゾーンだと思ってください。

安全確認を怠り不用心に危険な場所へ近づくことは、自分の命を危険にさらす自殺行為と同じです。

人を助ける前にしっかりと安全確認をして安全な状態であることを認識し、二次災害の要因を排除したうえで、自分の命を守りながら救護活動を行いましょう。

うむ～っ。
自分の命と他人の命、両方の命を守るにはどうしたらいいのかね？

なぜ、安全確認が必要か？

ドン
ゴロゴロ
ゴン
二次災害防止！
安全に救護活動ができるように、二次災害の防止をしよう！

事故現場では、4コマのように状況に応じた二次災害防止が必要です。

1コマ目では交通事故防止のため、交通整理をしています。2コマ目では落石の危険を回避するため、負傷者を安全な場所へ移動しています。3コマ目では工事現場で周囲の作業危険をなくすため、作業区域の制限をしています。

二次災害防止をするためには状況に応じて、危険要因が何であるのかを迅速に察知する能力が必要となります。

直接的に救命活動を行うことができなくても、二次災害発生の原因である危険要因を排除することはできるのです。

二次災害防止

交通整理しよう。
危険から回避しよう。
作業危険を排除しよう。
危険
危険
危険
二次災害防止
安全に活動できる環境を確保しよう！
あ〜い。

二次災害を防止しないと・・・
三次災害へつながるぞ。
STOP
二次災害防止

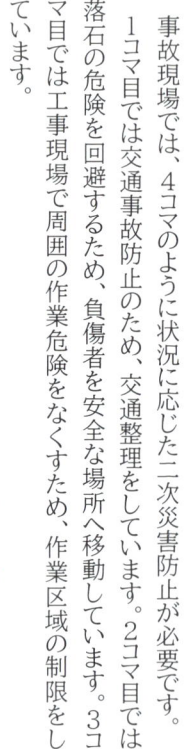

傷病者の肩と自分の正中の位置が合わさる所に座りましょう。

この位置が心肺蘇生法を実施するときに、胸骨圧迫と人工呼吸を移動することなく、効率的にできるベストなポジションになります。

座る位置は、傷病者の右側でも左側でも、どちらでもかまいませんが、事故現場では、二次災害防止のため、危険側に背中を向けて座ってはダメです。いつでも危険を察知できる位置に座りましょう。

＊正中～身体を縦に二等分する線

この赤い線が正中です！

傷病者の横に座る

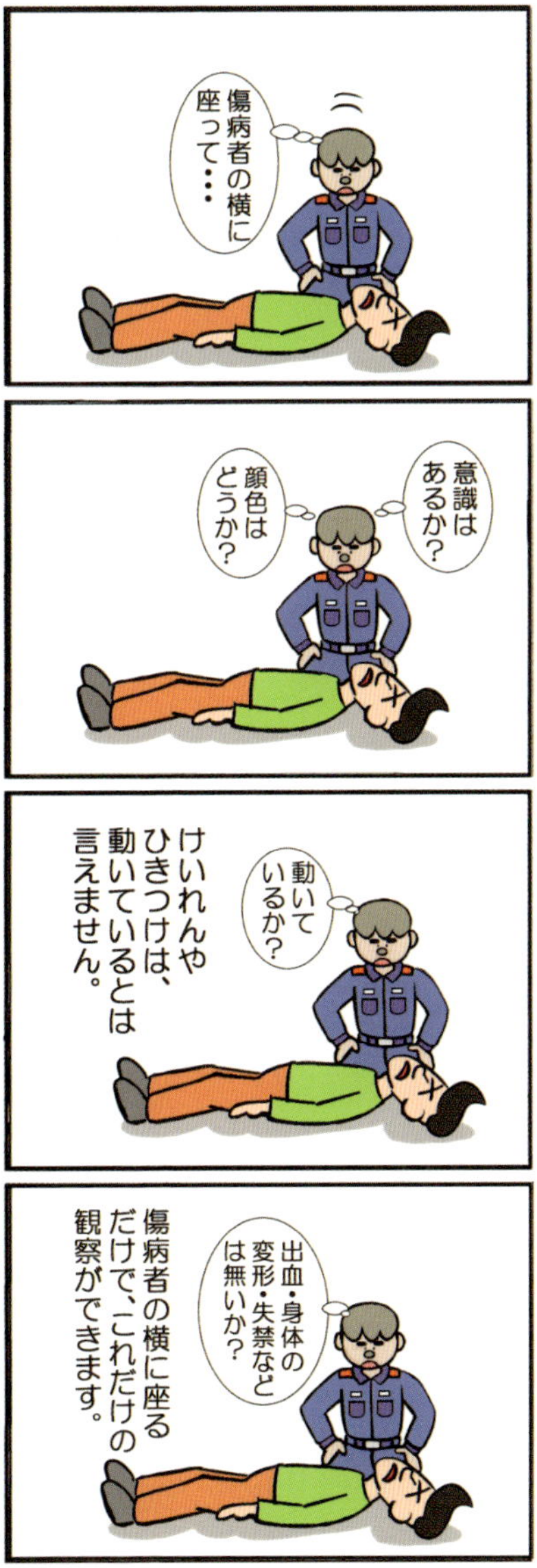
傷病者の横に座って・・・
意識はあるか?
顔色はどうか?
動いているか?
けいれんやひきつけは、動いているとは言えません。
出血・身体の変形・失禁などは無いか?
傷病者の横に座るだけで、これだけの観察ができます。

＊失禁～おしっこのお漏らし

手で傷病者に触れることにより、呼びかけることだけでは知ることのできない体温、発汗、冷汗などの情報を皮膚を通じて知ることが可能になります。

おでこを押さえることで傷病者が不意に起き上がってきて、頭をぶつけるなどの二次災害を防止することもできます。

また、おでこを押さえた状態は人工呼吸を行うときの手のポジションになります。このポジションから人差指と親指で傷病者の鼻を摘まんで人工呼吸を行います。

おでこを押さえる

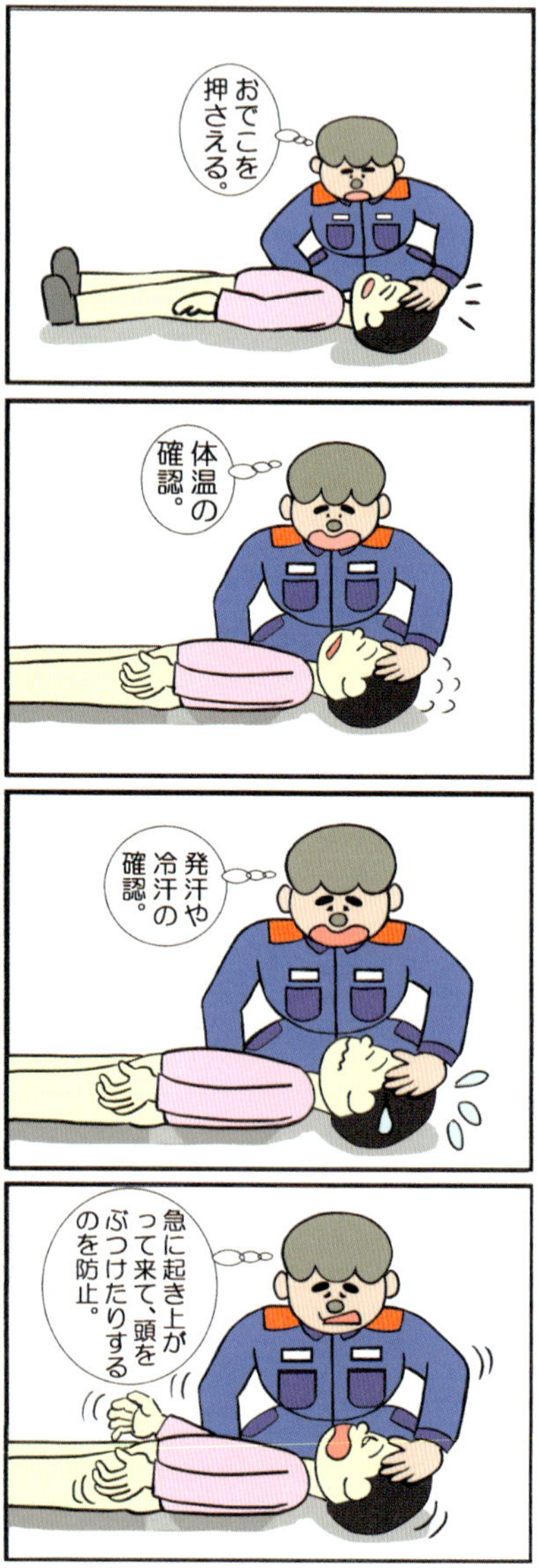

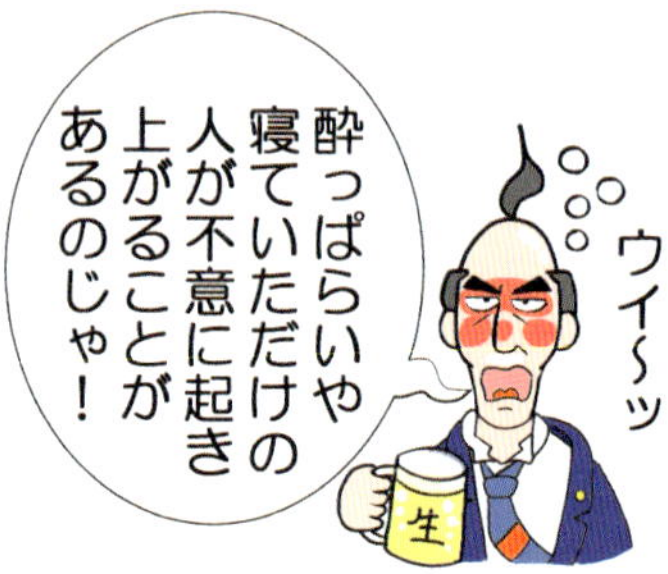

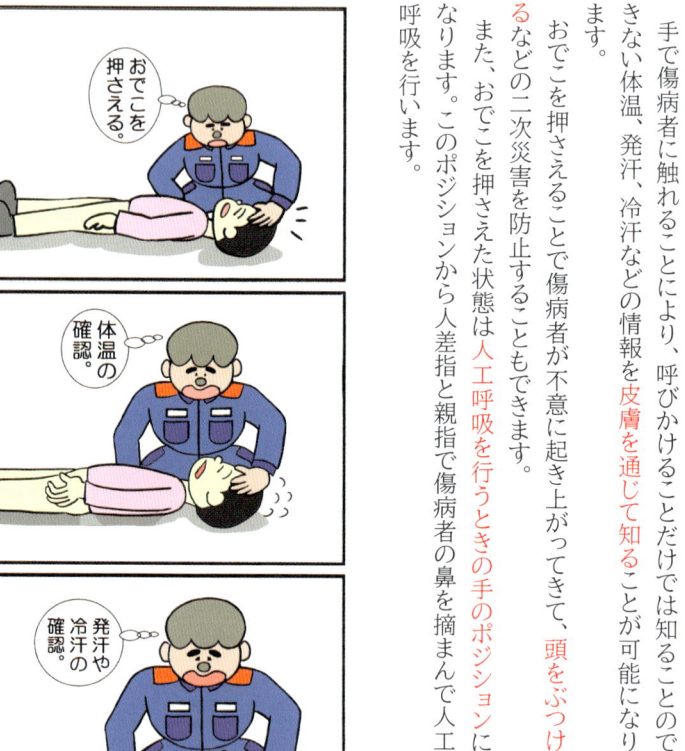

4コマでは、傷病者の横に座って、言葉での呼びかけと肩を叩くことによる刺激で、意識の確認を行っています。

それでは、いち早く意識の確認をするために、傷病者を見つけた時点で、離れた所から声をかければ良いのではと思いませんか？

そんなことをしたらだめですよ！　もし、傷病者に頸部損傷（首の負傷）があれば、声のする方向を向いてしまい、首を動かすことで症状が悪化する恐れがあるからです。傷病者へ近づくときは傷病者が首を動かさないように気をつけましょう。

傷病者が振り向かないようにそろ～り、そろ～りと近づこう！

呼びかけ

肩を叩きながら呼びかける。

大丈夫ですか？

徐々に強く大きく！

反対側の肩を叩きながら、反対側の耳もとで呼びかける。

大丈夫ですか？

刺激に対する反応を確認。

反対側の肩を叩くのは、半身麻痺があった場合を考慮しているからです。

呼びかけに対する反応を確認。

反対側の耳もとで呼びかけるのは、片方が聞こえなかった場合を考慮しているからです。

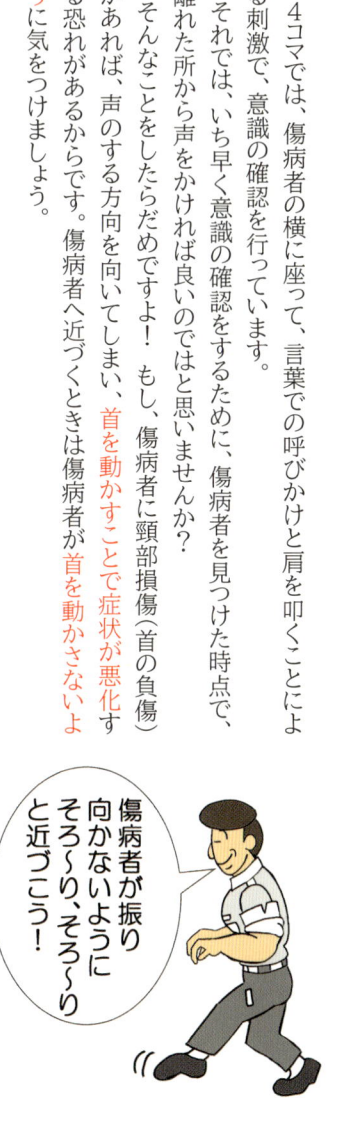

反応なしとは、呼びかけにも刺激にも反応しない状態です。反応なしには、2通りのパターンがあります。1つ目は意識がなく呼吸をしている状態。2つ目は、呼吸も心臓も止っている心肺停止状態です。

1つ目の反応なしは、呼吸をしているので心肺蘇生の必要はないと判断しますが、症状が悪化していくこともありますので、引き続き観察が必要です。安心してはいけません。

2つ目の反応なしは、心肺蘇生の必要があると判断します。ただちに人を集めて心肺蘇生を行ってください。

この2通りのパターンの区別ができるようにしておきましょう。

反応無しの判断

目を開けない・・・
全く動かない・・・
ピク
ピク
ピク
けいれんしている・・・
けいれんは、反応無しです。心肺停止と判断しましょう。

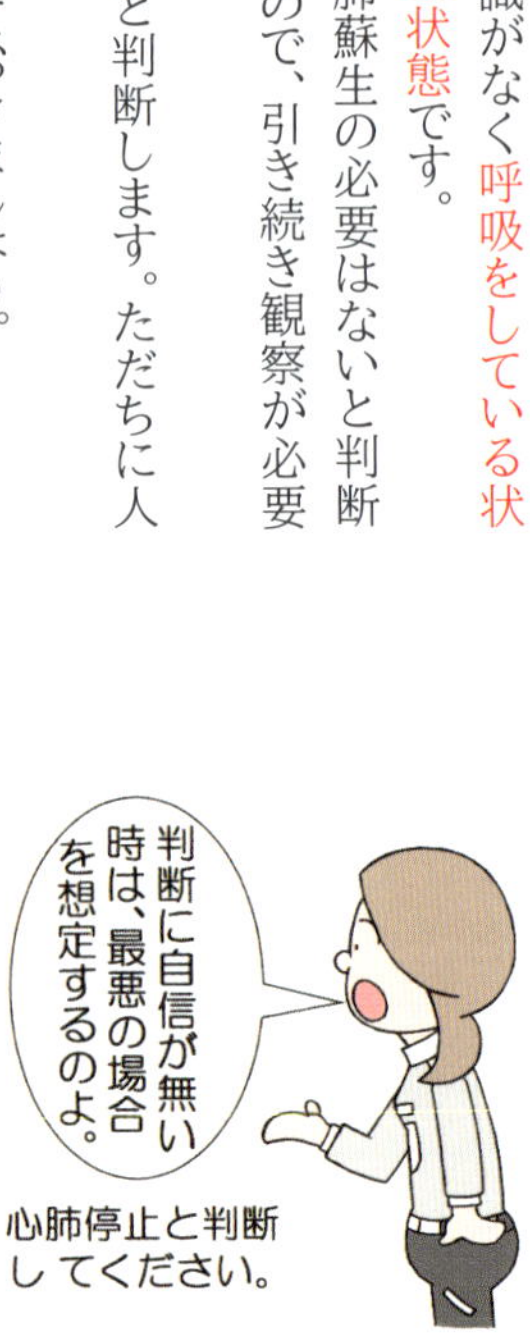
判断に自信が無い時は、最悪の場合を想定するのよ。
心肺停止と判断してください。

心肺蘇生を1人で全て行うことは、効率的かつ効果的ではありません。意識の確認・119番通報・胸骨圧迫・人工呼吸・AEDの準備など、あなたは1人でたくさんのことをしなくてはならなくなり、とても困難な状況に陥ります。

人を呼びましょう。助けを呼んで人を集めることで、仕事量を分担でき救護者の負担を減らすことで、ミスも少なくなります。みんなで力を合わせて助け合い、心肺蘇生を行うことで、不安も少なくなります。救命率のアップに貢献しましょう！

助けを呼ぶ

誰か来て～
意識無し。
こっちこっち。
どうしたどうした。
あなたは119番してください。
あなたはAEDを持ってきてください。
具体的に指示をする。

人を呼んでも野次馬はダメ！
カシャッ
カシャッ

119番通報は、消防署の係員から必要なことを聞いてきますのでそれに答えて行けば良いだけです。自分であれこれ難しく考える必要はありません。完全な受け身で大丈夫なのです。

また、最低限住所や場所さえ分かれば、その時点で救急指令をかけて救急車を出動させるので、おちついて係員の指示に従って答えて行けば良いのです。

最後に、心肺蘇生の口頭指導がありますので、指示に従ってください。

家族や会社などで係員役と通報者役を決めて、一度シミュレーションしてみてはどうでしょうか？

１１９番通報

火事ですか？救急ですか？
救急です。
119番へ通報する！
あわてず
どうしましたか？
人が倒れています。息をしていません。
おちついて
心臓マッサージはできますか？人工呼吸はできますか？
はい、できます。
口頭指導があります。
ぐたい的に
場所はどこですか？住所を教えてください。
〇〇町〇番〇号です。
住所が分からないときは目標物を言う。
あおぐ

もしもし。
はいはい。

呼吸をしていれば、必ず心臓も動いています。心肺停止になるパターンは2つあります。

1つ目は子どもに多いパターンで、ものをのどに詰めたり、溺れて呼吸が止まり心臓が止まるパターンです。

2つ目は大人に多いパターンで、心不全などの心臓病により急に心臓が止り呼吸が止まるパターンです。

4コマ目の死戦期呼吸は、あえぎ呼吸とも言われ読んで字のごとく、ただあえいでいるだけで呼吸はなされていない状態です。人が死ぬ直前の最後の抵抗なのです。

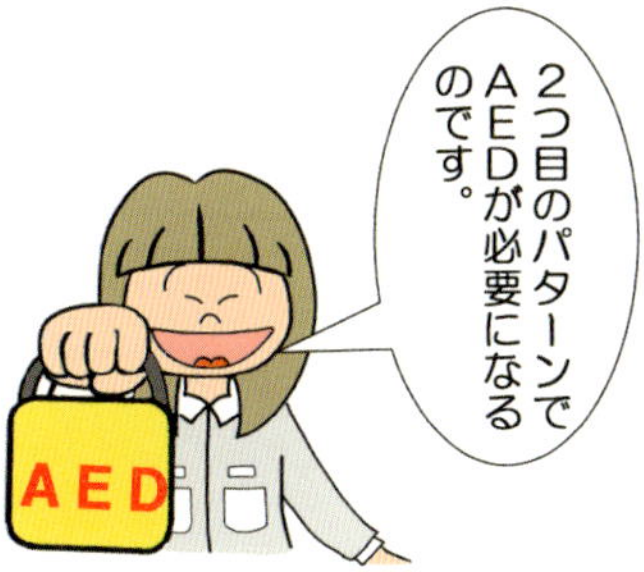
2つ目のパターンでAEDが必要になるのです。
AED

呼吸の確認

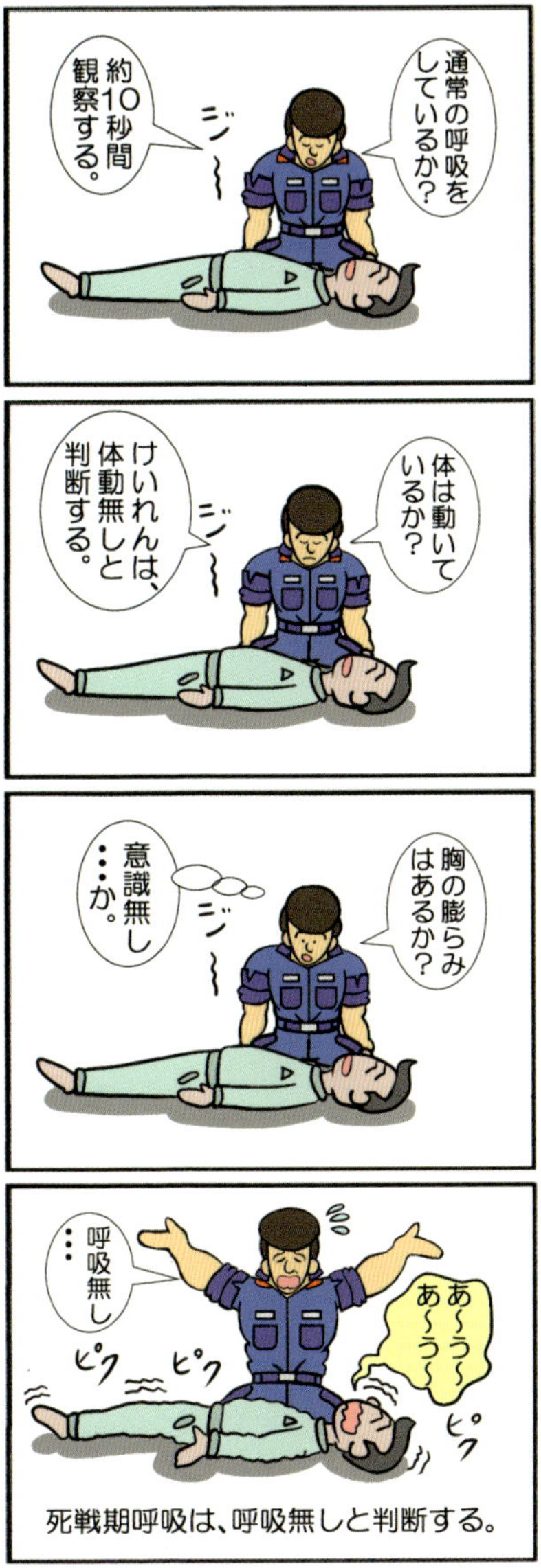
通常の呼吸をしているか?
約10秒間観察する。
ジ〜〜
体は動いているか?
けいれんは、体動無しと判断する。
ジ〜〜
胸の膨らみはあるか?
意識無し…か。
ジ〜〜
呼吸無し…
あ〜う〜あ〜う〜
ピク
ピク
ピク

死戦期呼吸は、呼吸無しと判断する。

胸骨圧迫をすぐに実施する訳は・・・呼吸が止っても血液中には、まだ酸素が残っています。「空気中には酸素が21％あります。人が呼吸をして酸素を身体の中に取り入れると呼気の酸素は16％」になります。

よって、5％の酸素が血液中に取り込まれているのです。救護者が人工呼吸をして呼気を吹き込むより、胸骨圧迫を優先して血液中に残った酸素をいち早く身体中に循環させ、脳への酸素の供給を行った方が効果があるという考えです。

少しでも救命率を上げるために考えられた手順なのです。

とにかく心臓を動かすのよ！

胸骨圧迫はすぐに実施

何ですぐに胸骨圧迫をしないといけないの？
血液中の酸素を身体中に循環させることが大切だからだよ！
循環
そうか～通常と同じように心臓を動かすんだ。
特に脳への酸素供給が大切なんだ。
クッ クッ クッ クッ
脳は一度死んだら再生しないんだぞ～
ゾ～ッ
そして脳死状態になって、社会復帰が難しくなるんだぞ～

強く・速く・絶え間なく

圧迫の強さは、成人は約5センチ小児は胸の厚さの約3分の1だよ。
強く！
圧迫のリズムは、100〜120回/分だよ！
速く！
中断は最小限にする。
絶え間なく！
圧迫の解除は胸がしっかり戻るまで！
手が胸の上で弾まないように注意しよう！

とにかく胸骨圧迫をすぐに行うことが、一番大切なことなのです。

細かい数字を気にして胸骨圧迫を行うことが、遅れることがないようにしなければなりません。

回数やリズムなどの数字は、あくまでも目安であると思ってください。細かい数字を気にするより、素早く胸骨圧迫を行うことが、効果的な胸骨圧迫につながるのです。

救命のタイムリミットは3分です。3分以内に脳へ酸素を送るのです。

「強く・速く・絶え間なく」を基本として「すぐに行う」ことです。

中断は最小限・・・
止めてはダメ、止めてはダメ。
継続せよ！

胸骨圧迫の役割は、ポンプの役割をする心臓を外部から圧迫することで物理的に動かし、身体全体の血液の循環を維持して、脳への酸素の供給を確保することです。

胸骨圧迫のポイントは、自分の体重をうまく利用して、胸骨に対して垂直に力が加わるように圧迫することです。

圧迫位置は2コマ目のとおり、胸の真ん中にある胸骨ですが、大まかに説明すると1コマ目のとおり、乳頭（乳首）と乳頭を結ぶ線の中心を押せば良いのです。

圧迫位置

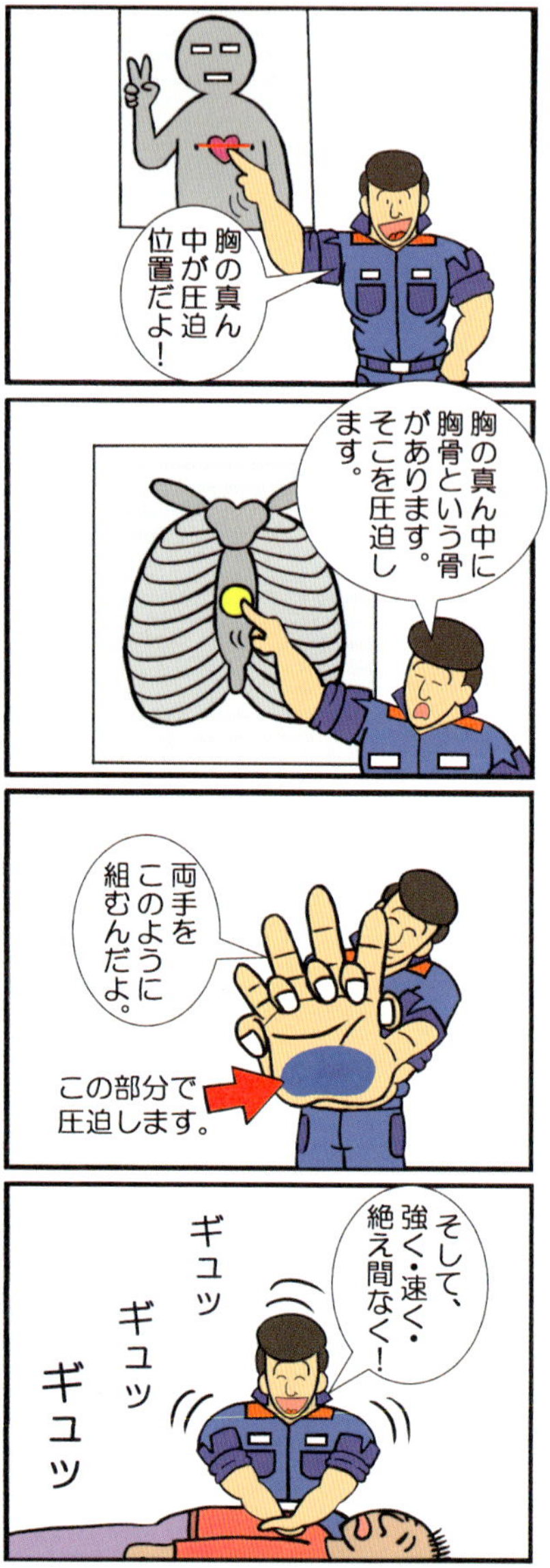
胸の真ん中が圧迫位置だよ！
胸の真ん中に胸骨という骨があります。そこを圧迫します。
両手をこのように組むんだよ。
この部分で圧迫します。
そして、強く・速く・絶え間なく！
ギュッ
ギュッ
ギュッ

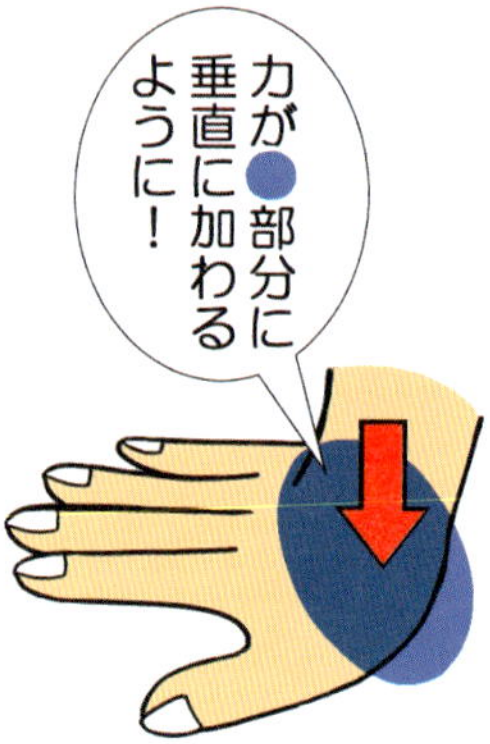
力が●部分に垂直に加わるように！

胸骨圧迫は、すぐに行わなくてはなりません。

しかし、急ぐあまりにあわててベッドの上などの柔らかい場所で行うと、圧迫した力が吸収されて、十分な効果を得ることができません。

胸骨圧迫を効果的に行うには、床面などの堅い場所に、傷病者を一旦移動させてから行ってください。

交通事故などの二次災害が発生する、危険性のある道路上や座った状態などでも、同様に安全かつ効果的に、胸骨圧迫ができる場所に傷病者を移動して行いましょう。

胸骨圧迫の実施場所

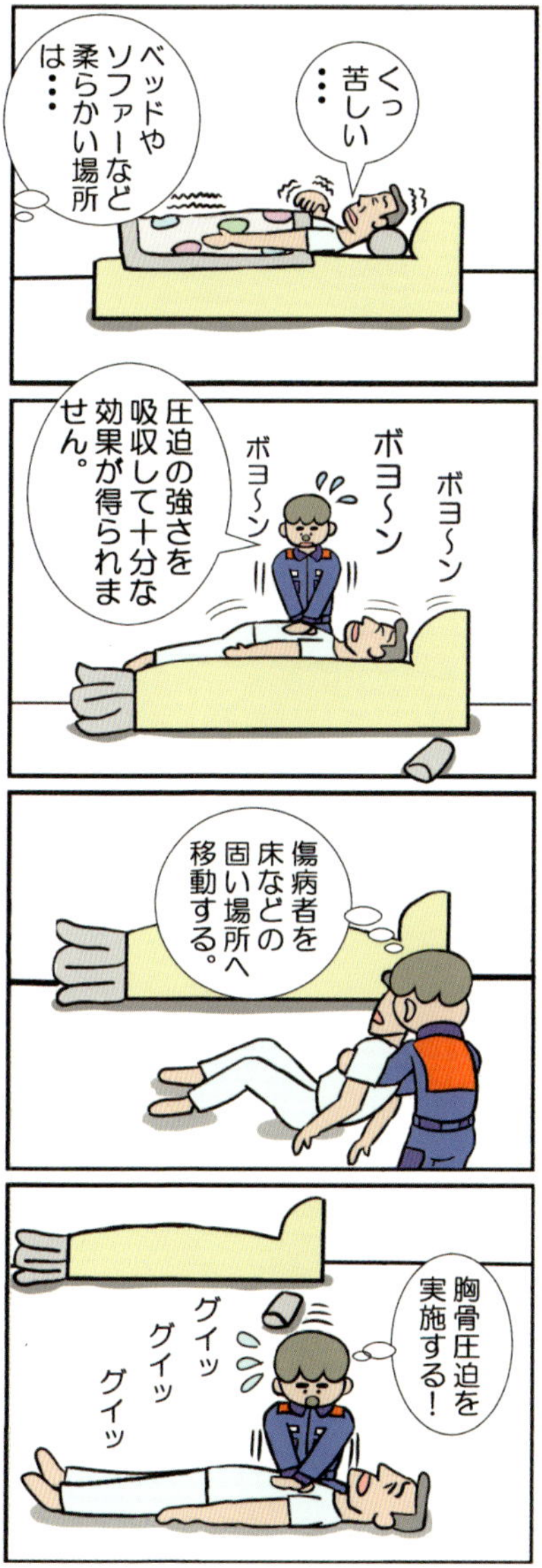
くっ苦しい…
ベッドやソファーなど柔らかい場所は…
ボヨ～ン
ボヨ～ン
ボヨ～ン
圧迫の強さを吸収して十分な効果が得られません。
傷病者を床などの固い場所へ移動する。
胸骨圧迫を実施する！
グイッ
グイッ
グイッ

胸骨圧迫を効果的にできる場所は、固くてフラットな場所なのよ。

小さな子どもに対して行う胸骨圧迫の回数とリズムは、大人と全く同じで、胸骨圧迫30回（1分間に100〜120回）に対して人工呼吸2回です。

しかし、小さな子どもに対して大人と同じ力で胸骨圧迫を行うことは危険です。子どもへの胸骨圧迫の力の加減は、大人が両手で行うのに対して、子どもは片手の中指と薬指の2本で行います。この方法を2本指法と言います。

「強く・速く・絶え間なく」の強くは、大人に対しての強くとは力の加減が違うことを認識しておいてください。

乳児・小児の胸骨圧迫

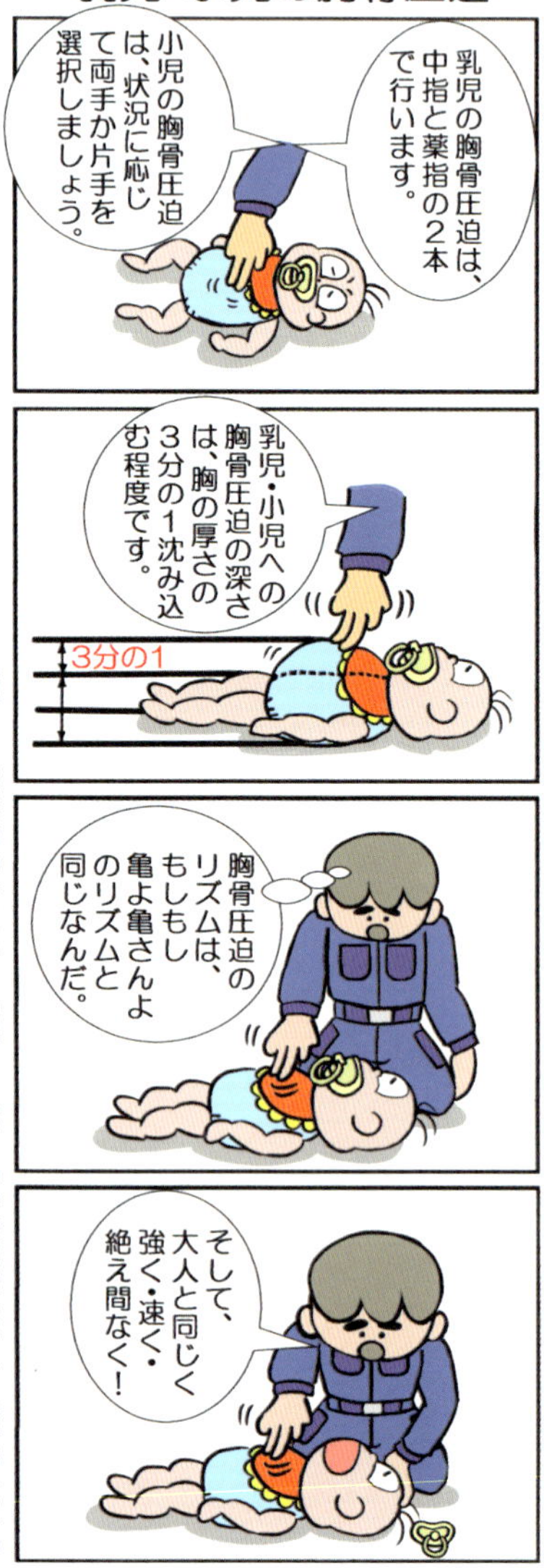
乳児の胸骨圧迫は、中指と薬指の２本で行います。
小児の胸骨圧迫は、状況に応じて両手か片手を選択しましょう。
乳児・小児への胸骨圧迫の深さは、胸の厚さの３分の１沈み込む程度です。
3分の1
胸骨圧迫のリズムは、もしもし亀よ亀さんよのリズムと同じなんだ。
そして、大人と同じく強く・速く・絶え間なく！

＊乳児＝１歳未満の子ども　小児＝１歳〜小学校就学まで（６歳）の子ども

こんな方法もあります。

胸郭包み込み両母子圧迫法

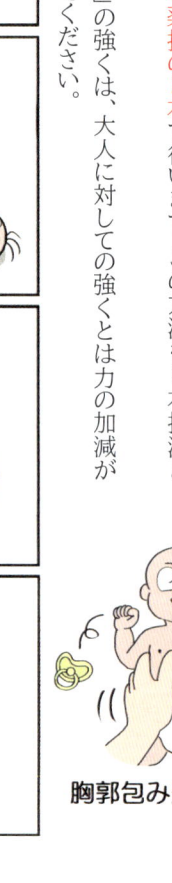

胸骨圧迫を効果的に行うには、圧迫する力が心臓に対して、垂直に加わることがポイントです。腰をグイッと入れて肘を伸ばし、つま先を立てることで、体重をうまく利用することができ、効果的な姿勢をとることが可能になります。

胸骨圧迫は、救急隊に引き継ぐまで継続しなくてはなりません。救急隊の到着が遅れることもあります。到着が15分以上かかることもあります。そうなれば、あなたは体力を消耗し息が上がるのです。正しい姿勢は、胸骨圧迫を長時間行う場合の、体力の消耗を最小限にするのです。

胸骨圧迫の姿勢

腕は真っ直ぐに伸ばして。
背中は丸めずに。
つま先は立てて。
この姿勢をゴリラのポーズっていうんだ。
ウッホ！

硬式のテニスボールで練習です！

まず最初に胸骨圧迫を実施し、次に人工呼吸を実施します。

胸骨圧迫を30回に対し、人工呼吸を2回実施します。

救急隊が到着するまでの平均8分間、胸骨圧迫と人工呼吸を継続しなくては、傷病者の命を救うことはできません。

8分間も胸骨圧迫と人工呼吸を1人で続けることは、かなりの体力が必要になってきます。

また、直近に救急車がいない場合は、遠くの救急車が来るまでの時間を頑張ることになります。

助けを呼び、人を集めて任務の分担をしましょう。

胸骨圧迫：人工呼吸

まずは胸骨圧迫を30回。
グイッ グイッ グイッ
1・2・3・4・5・・・
次に人工呼吸を2回。
ふ〜っ ふ〜っ。
ふ〜っ ふ〜っ。
グイッ グイッ グイッ
胸骨圧迫30回に対し人工呼吸2回で1サイクルです。
グイッ グイッ グイッ
2人で分担して行うと、実施者の負担が軽減できます。
ふ〜っ ふ〜っ。

人工呼吸で呼気を上手く吹き込めなくても1回として数えるのよ。
吹き込みを2回失敗しても胸骨圧迫を実施するのよ。
・・・

胸骨圧迫のポイント

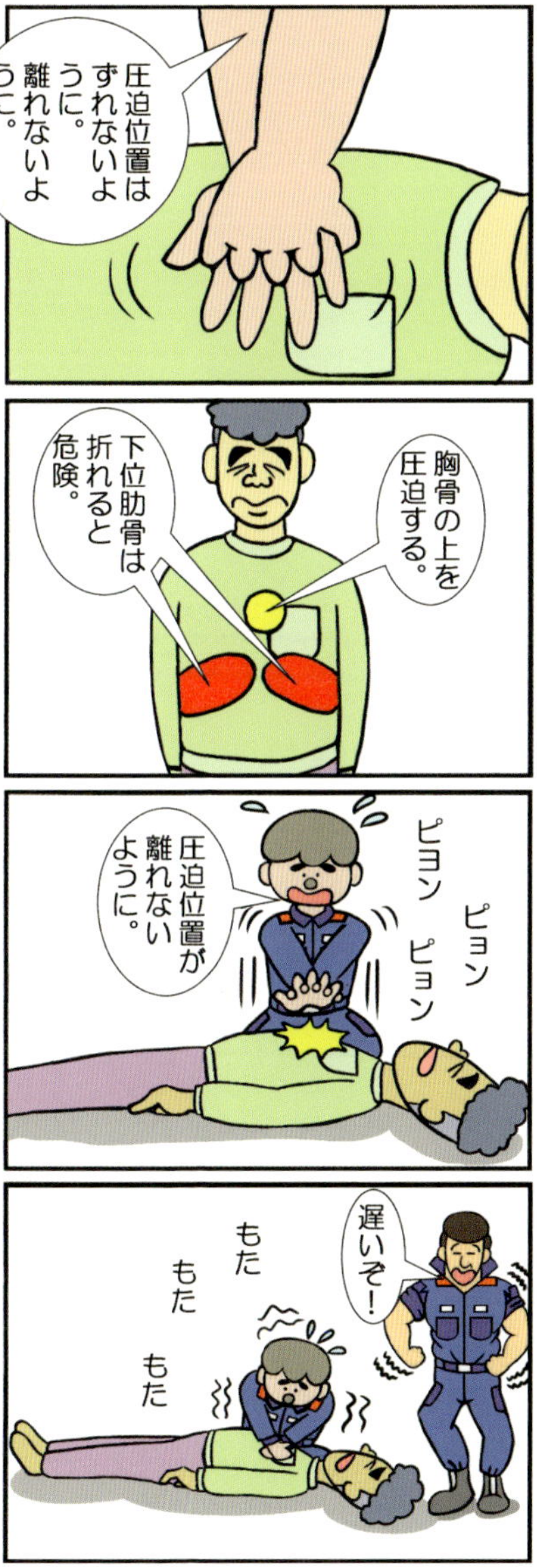
圧迫位置はずれないように。離れないように。
胸骨の上を圧迫する。
下位肋骨は折れると危険。
ピョン
ピョン
ピョン
圧迫位置が離れないように。
遅いぞ！
もた
もた
もた

1コマ目のように、両手をしっかりと組んで手と手が離れないようにしましょう。

2コマ目のように、胸骨圧迫は、正確な圧迫位置を圧迫しないと、効果的に心臓を圧迫することができません。

3コマ目のように、手がずれたり離れたりすると心臓を十分に圧迫することができませんし、下位肋骨を骨折し重要な臓器を損傷させる可能性があります。

4コマ目の、胸骨圧迫のリズムは4分の4拍子もしもしかめよかめさんよ～♪のリズムで、遅いより速くを意識して圧迫しましょう。

肘は真っ直ぐに伸ばすのです！

肋骨は12対で背骨から胸骨へと伸びて、前側で繋がっているため、その繋ぎ目を圧迫すると、折れやすくなっています。

だから、胸骨圧迫は正しい位置を圧迫しないと、肋骨を折ってしまう危険があります。

もっと、危険なことがあります。肋骨の下から2対は繋がっていないので、折れると重要な臓器を損傷してしまいます。

肋骨が折れたからと言って、胸骨圧迫を止めることは傷病者に対する救命処置を放棄することになります。

正しい位置を圧迫することは、臓器損傷の予防になるのです。

下位肋骨が危険な訳

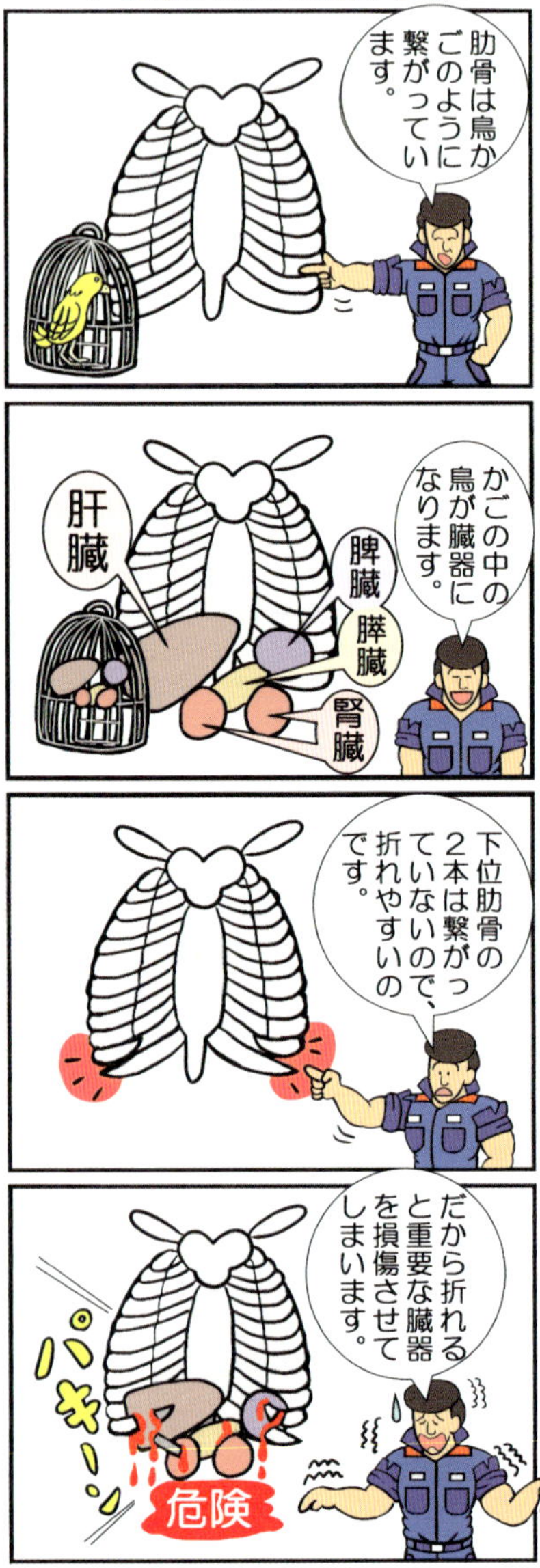

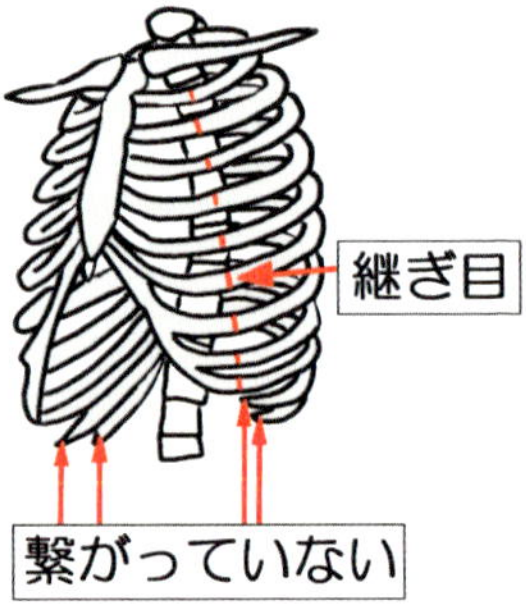

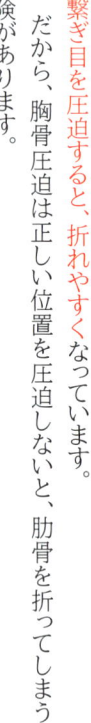

一般の人への救急教室では、呼吸の確認のときの気道確保は行っていません。胸の動きや体の動きを約10秒間見て、普段どおりの呼吸をしているかを確認します。

気道の確保をして、呼吸の確認をする時間をはぶき、素早く胸骨圧迫を行うためです。

人工呼吸を行うときに初めて気道確保を行うことになります。

胸骨圧迫を行って傷病者が拒否したり、動いたり声を出したりしたら止めれば良いのです。

もちろん、何も反応がなければ、胸骨圧迫を続ければ良いのです。

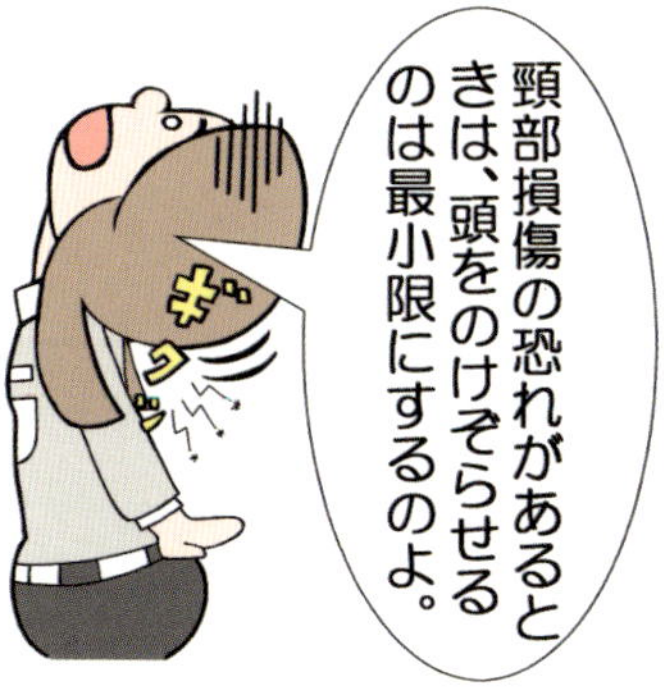
頸部損傷の恐れがあるときは、頭をのけぞらせるのは最小限にするのよ。
ギク

気道確保

片手で額を押さえます。
もう片方の手の人差指と中指をあご先に当てます。
あご先を引き上げながら頭を後ろにのけぞらせる。
人差指と親指で鼻をつまんで人工呼吸の準備完了。

4コマのように、気道閉塞になる仕組みを知っておくと、人工呼吸を行うときに、気道確保をスムーズに行うことが可能になります。

意識を失うと全身の力が抜けてしまい、2コマ目のように舌の付け根の筋肉が緩み、空気の通り道である気道を塞いでしまい空気が肺の中に入ることができなくなります(このような状態を舌根沈下と言います)。

3コマ目のように、気道閉塞により呼吸が停止した傷病者は、やがて心肺停止状態になって死へと近づいて行くのです。

気道閉塞

鼻や口から吸った空気が肺へ送り込まれます。その通り道が気道です。
ココが気道です
肺
肺
意識を失うと筋肉が緩み重力の影響で舌の付け根がのどの奥に落ち込み気道が閉塞します。
舌根沈下
肺
気道が閉塞すると・・・
呼吸停止
呼吸が停止すると次に心臓が停止して、心肺停止状態になります。
意識の無い傷病者に枕をして、アゴを引いた状態になり、気道閉塞を起こした事例もあります。

グオオオオ〜ッ
いびきも舌根沈下が原因なのです。

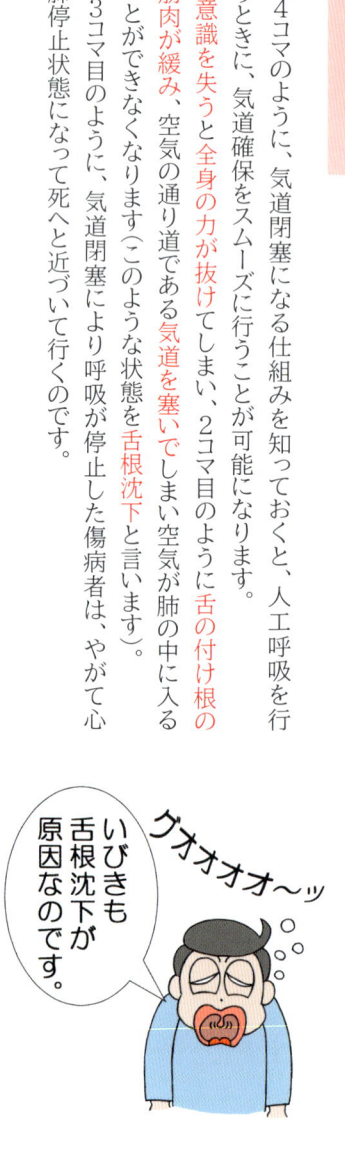

心肺蘇生を行うときの人工呼吸は、2コマ目を参考にして、2回呼気を吹き込みます。たとえうまく呼気の吹き込みができなくても、1回とカウントします。

さらに、4コマ目で2回とも呼気が吹き込みができなくても、2回とカウントして、ただちに胸骨圧迫を30回行ってください。

これは、人工呼吸で呼気を吹き込むより、傷病者の血液中に残っている酸素を胸骨圧迫を行い、身体全体に送ることを優先しているからです。

人工呼吸

呼気が漏れないように。
気道確保して鼻をつまみます。
胸が膨らむのを確認する。
フ〜っ
口を大きく開けて傷病者の口を覆い、1秒かけて息を吹き込む。
フ〜っ
小さい子どもは口を大きく開けて、口と鼻を覆い息を吹き込みます。
いったん口を離してもう1回息を吹き込みます。

呼気の吹き込みチャンスは2回です。

2コマ目の、胸骨圧迫の中断を10秒以内にしているのは、胸骨圧迫を絶え間なく行うことを優先するためです。

3コマ目でも分かると思いますが、それだけ胸骨圧迫は、重要なことなのです。ほとんどの皆さんは、4コマ目で紹介する、感染防止用シートや人工呼吸用マスクなどは持っていないはずです。人工呼吸を行う際に、傷病者に嘔吐や吐血があったらどうしますか？ 3コマ目のように、胸骨圧迫のみをひたすら行うか、タオルやハンカチなどで傷病者の口を覆って人工呼吸を行うのか…どちらかですよね。

人工呼吸のポイント

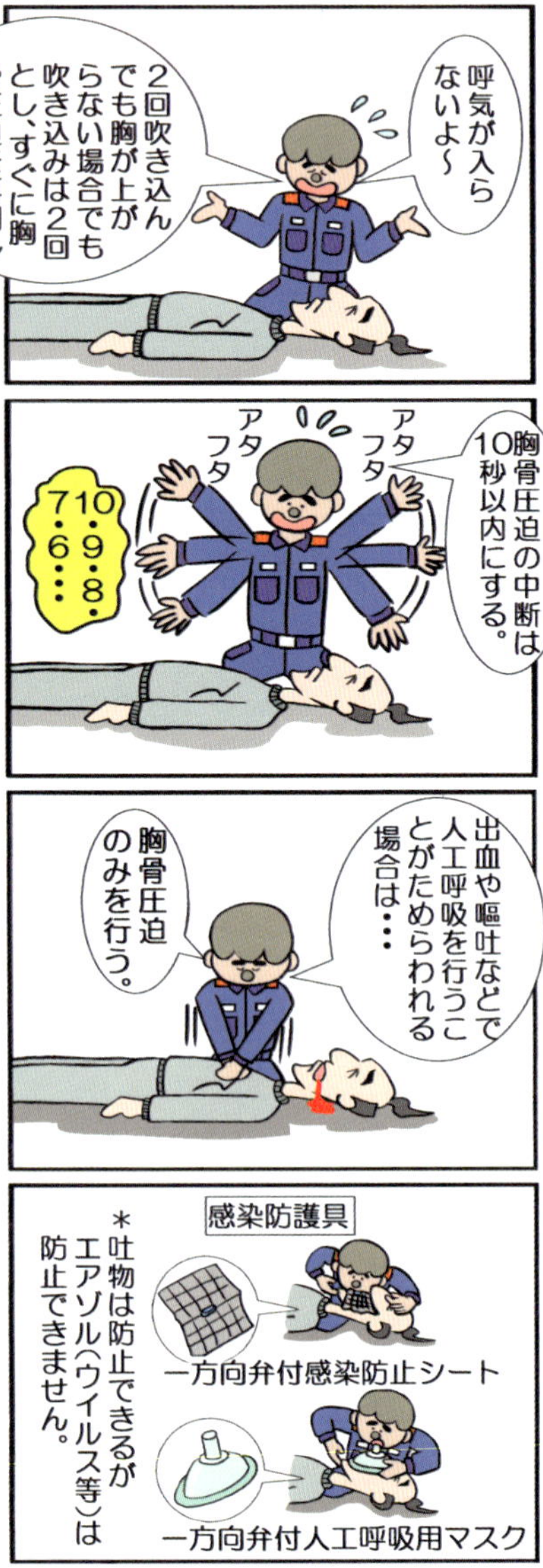
呼気が入らないよ～
2回吹き込んでも胸が上がらない場合でも吹き込みは2回とし、すぐに胸骨圧迫を再開します。
胸骨圧迫の中断は10秒以内にする。
アタフタ
アタフタ
10・9・8・7・6…
出血や嘔吐などで人工呼吸を行うことがためらわれる場合は…
胸骨圧迫のみを行う。
感染防護具
一方向弁付感染防止シート
一方向弁付人工呼吸用マスク
＊吐物は防止できるがエアゾル（ウイルス等）は防止できません。

感染対策はしっかりとやりましょう！

心臓

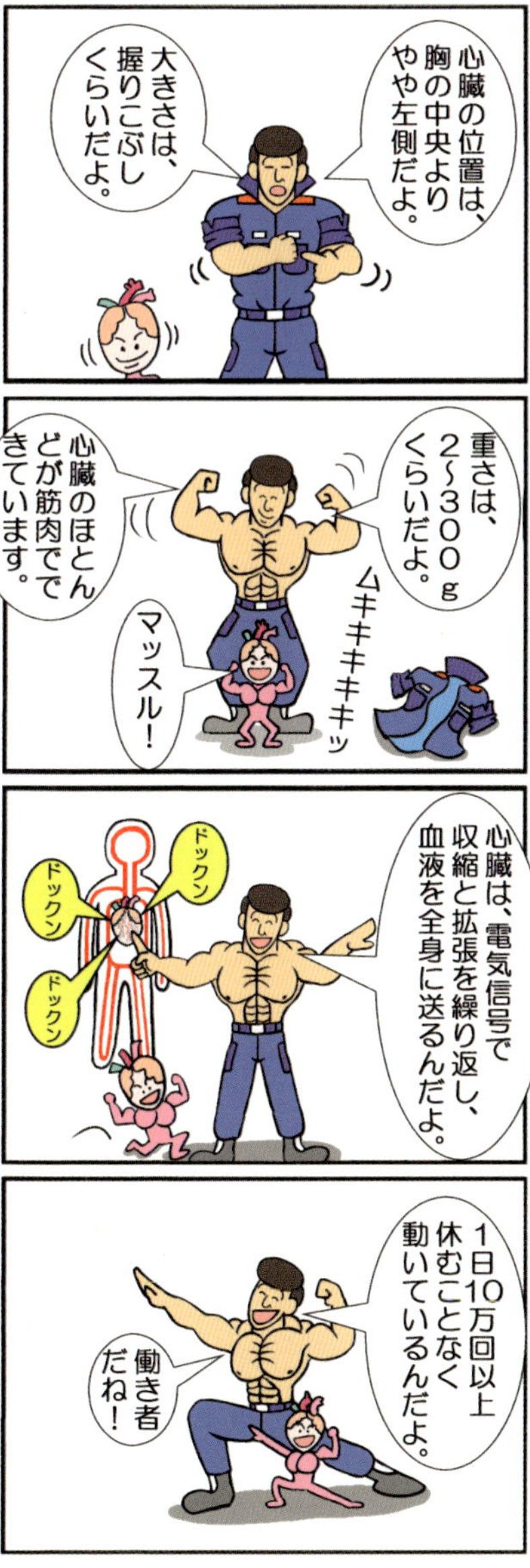
心臓の位置は、胸の中央よりやや左側だよ。
大きさは、握りこぶしくらいだよ。
重さは、2~300ｇくらいだよ。
ムキキキキキッ
心臓のほとんどが筋肉でできています。
マッスル！
心臓は、電気信号で収縮と拡張を繰り返し、血液を全身に送るんだよ。
ドックン
ドックン
ドックン
1日10万回以上休むことなく動いているんだよ。
働き者だね！

1コマ目のように、心臓の位置は、胸の真ん中ではありません。

3コマ目のように、心臓は人の意思に関係なく動き続けています。

心臓を動かす筋肉は不随意筋と言い、頼んでもいないのに休むことなく、勝手に働いてくれるのです。

おかげで私たちは生きていられるのです。感謝しなくてはいけませんね。

このように私たちは、考えようによっては、自分の意思で生きているのではないとも言えます。生かされているのです。

生かされている限られた時間を大切にしないといけませんね。

心臓に感謝なのよ！

人間の心臓には1コマ目のように2心房2心室で部屋が4つあります。

魚類は1心房1心室、両生類や爬虫類は2心房1心室、鳥類や哺乳類は2心房2心室です。進化して水中から陸上に上がるにつれて、身体のつくりが複雑になっていき、心臓の部屋も増えて複雑になっているんですね。

そして、精密機械と同じように、より高性能になっているんです。しかし、魚のように単純なつくりのほうが故障したときのメインテナンスも簡単なように思えるのですが・・・なぜだと思いますか？

心臓の仕組み

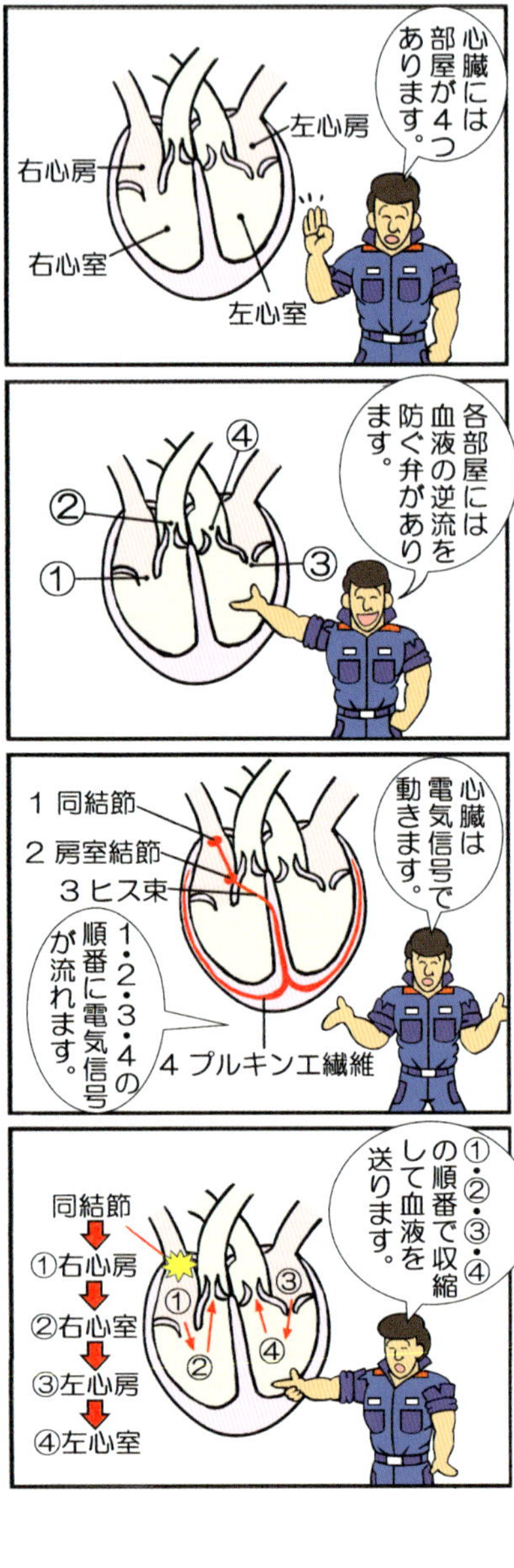
心臓には部屋が4つあります。
右心房
左心房
右心室
左心室
各部屋には血液の逆流を防ぐ弁があります。
①
②
③
④
心臓は電気信号で動きます。
1 同結節
2 房室結節
3 ヒス束
4 プルキンエ繊維
1・2・3・4の順番に電気信号が流れます。
①・②・③・④の順番で収縮して血液を送ります。
同結節
①右心房
②右心室
③左心房
④左心室

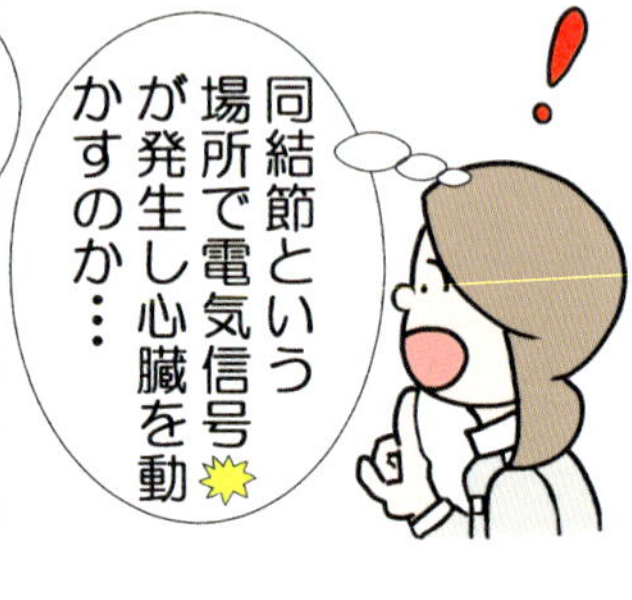
同結節という場所で電気信号が発生し心臓を動かすのか・・・

ＡＥＤって知ってる？

ＡＥＤって知ってる？
チョン
Ａ あれですか・・・
あれってなによ？
Ｅ え〜っと・・・
おいおい、消防士だろっ。
Ｄ どうしよう分からない・・・
自動体外式除細動器っ！
ギギギ
はい・・・

自動体外式除細動器を英語で、AUTOMATED EXTEMAL DEFIBRILLATORと言います。その頭文字を取ったのがＡＥＤです。

４コマのような、あれですか・え〜っと・どうしよう分からない、と言われても困りますよね。

詳しく説明すると、突然の心肺停止状態から命を救うため、不規則なけいれんをしている心臓に対して、電気ショックを与え、けいれんを取るための医療機器と言うことです。

ＡＥＤビーム！
けいれんストップ。
ビビビビビー

AEDは、心筋梗塞や狭心症などで、心臓発作が起こったときに発生するけいれんを、電気ショックにより取り除き、胸骨圧迫を効果的に行うことができるようにする医療機器です。

けいれんを取り除くと、心拍停止状態なるか、心拍が再開されるかのどちらかになります。

心拍停止状態であれば、胸骨圧迫を再開し効果を上げることが期待できます。

心拍が再開されても不十分な心拍であれば、心臓から送り出される血液量が足りないので、胸骨圧迫を継続しましょう。

AEDって何をするもの？

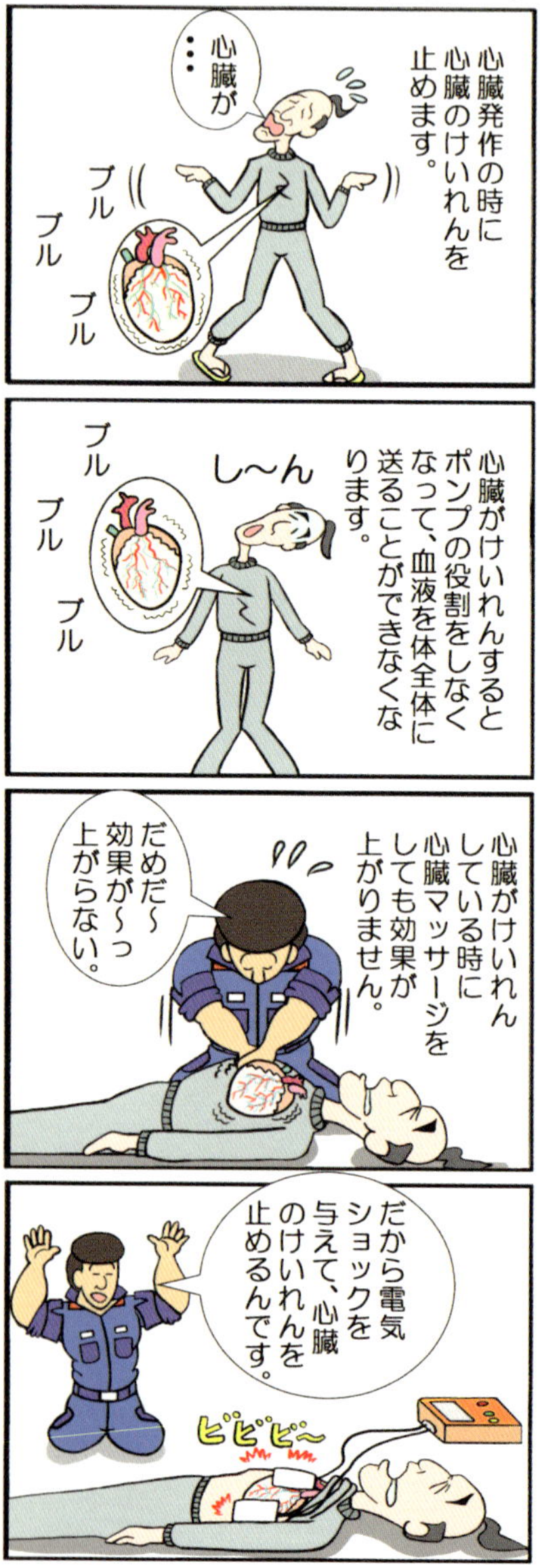
心臓発作の時に心臓のけいれんを止めます。
…心臓が
ブル ブル ブル ブル
心臓がけいれんするとポンプの役割をしなくなって、血液を体全体に送ることができなくなります。
し〜ん
ブル ブル ブル
心臓がけいれんしている時に心臓マッサージをしても効果が上がりません。
だめだ〜効果が〜っ上がらない。
だから電気ショックを与えて、心臓のけいれんを止めるんです。
ビビビ〜

胸骨圧迫の必要は、AEDが判断するのよ。
僕の指示に従ってね！
AED

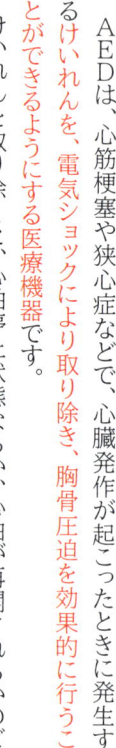

1コマ目のように、心臓がけいれんしていると収縮運動が上手く行かなくなり、ポンプ機能が働かず血液を身体全体に送り届けることができなくなります。

心肺停止には、2コマ目のように心臓が動いていない状態（パターン1）と、3コマ目のようにけいれんしている状態（パターン2）の2つのパターンがあります。

4コマ目のように、心臓は電気的刺激を受けて動いています。

その電気的信号が心臓発作により、誤作動を起こしてけいれんを起こします。

電気的刺激には電気ショックが必要ですね！

AEDでけいれんが取れる訳

心臓がけいれんしているということは、ポンプとしての機能を果たしていない状態です。
ピク
心肺停止状態だと判断しましょう。
ピク
ピク
心肺停止パターン1
心肺停止で波形がフラットの場合は…
ピーッ
停止
胸骨圧迫の効果は期待できます。
心肺停止パターン2
けいれんしていて波形がギザギザの場合などは…
ピピピピピー
けいれん
胸骨圧迫の効果は低下します。
心臓は電気的刺激を受けて動いています。
ピピピピピー
けいれん
電気ショック
だから電気ショックを与えて、けいれんを取るのです。
ピー
心拍停止
胸骨圧迫開始
ドクン ドクン
正常
心拍回復

AEDは不特定多数の人が多く集まる場所に設置されていることが多いようです。

また、不特定多数の人が集まらなくても人数の多い大きな会社などに設置されているようです。

AEDの設置には法律的な義務はありませんが、行政や企業などでは安全配慮義務という観点から設置されているようです。

一般家庭への普及は、使うか使わないか分からない、料金が高額すぎるなどでなかなか難しいようです。

今すぐAEDが必要になりました・・・さぁ、どこにAEDがありますか？

AEDは、どこにある？

○○駅
AED
駅など！
○○病院
医療機関など！
公共施設
公共施設・学校・官公庁・スポーツセンターなど！
デパート・コンビニ・マンションなど！
マンション
デパート
K
コンビニ

Aあれは
Eえ〜っと
Dどこにある
のかなぁ？

まず、1コマ目のように、AEDを持って来ないと使用することができません。そのときに、**助けを求め人を呼んで来ましょう**。人は多ければ多いほど良いのです。

2コマ目のように、AEDは音声の聞き取りやすい**傷病者の頭側で、人工呼吸の実施の邪魔にならない場所**に置きましょう。

3・4コマ目のように、ふたを開けて電源ボタンを押します。ふたを開けると自動的に電源が入るタイプもあります。

どのような機種でも共通することは、**音声メッセージに従って操作**すれば良いということです。

AEDの電源を入れる

AEDを持ってくる。
ついでに人を連れて来るといいね！
AED
AEDを頭側に置く。
AED
フタを開ける。
取り出すタイプもあります。
電源を入れる！
あとは、音声メッセージに従って操作するだけ！
ポチ

AEDの操作方法を確認しておくのよ！
再確認

電極パッドを貼り付けるには、傷病者の胸を出して電極パッドを貼り付ける場所を確保する必要があります。

1コマ目は、衣服をはだけて胸を出していますが、前開きでない衣服などで胸を出すことができない場合は、衣服を上にまくり上げるかはさみで衣服を切って胸を出しましょう。

はさみがない場合は、衣服を脱がせるか破いて胸を出しましょう。たとえ傷病者が女性であろうと、命には変えられません。恥ずかしがらずに毅然とした態度で対応しましょう。

電極パッドを貼り付ける

傷病者の衣服を取り除き胸をはだけます。
ビリ ビリ ビリ
電極パッドの袋を破いて電極パッドを取り出す。
電極パッドをシールから剥がす。
ビリ ビリ ビリ
電極パッドに書いてある絵の通り、粘着面を傷病者の胸にしっかりと貼り付ける。
貼り付け完了！

子供の場合、子供用電極パッドか子供用モードでAEDを使用しましょう。

電極パッドの貼り付け方1

電極パッドを貼り付けている時の胸の圧迫はどうする？
中断することなく継続します。
体が濡れていたらどうする？
タオルなどで拭き取ります。
胸に貼り薬が貼ってあったらどうする？
バリッ
剥がして薬剤を拭き取ります。
心臓ペースメーカーが胸に入っていたらどうする？
そこを避けて電極パッドを貼り付けます。

1コマ目のように、心臓マッサージを**中断することなく**、電極パッドを貼り付けて行くことがポイントになります。

2コマ目のように、濡れた傷病者の身体を拭いたり、3コマ目のように、貼り薬を剥がしたりする場合などで、どうしても中断しなければならない場合は、**スピーディに行動**し、最小限の時間にとどめるようにしましょう。**胸骨圧迫中断のタイムリミットは10秒**です。

4コマ目のように心臓ペースメーカーを避けて電極パッドを貼り付ける場合は、**3㎝**くらい離してください。

こんな貼り付け方もあるぞい。
胸と背中で心臓を挟む。
AED

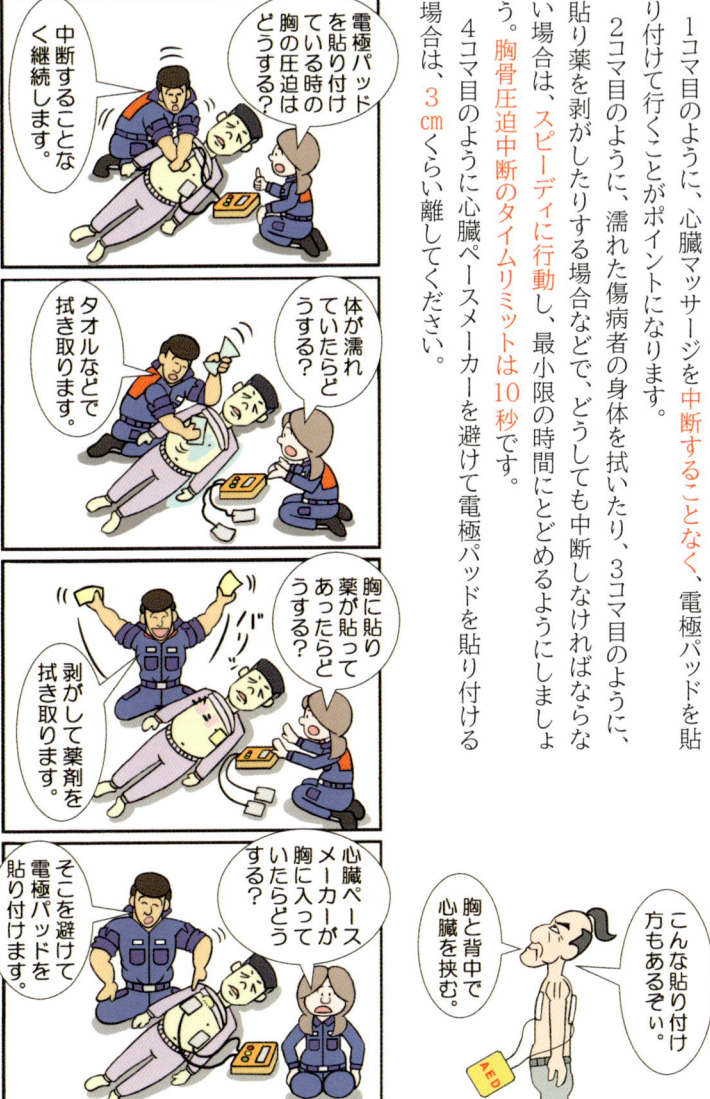

電極パッドの基本的な貼り付け方は、電極パッドに表示されています。

具体的には、右側鎖骨下３cmの位置と左側鎖骨下８cmの位置に貼り付けます。

この位置に貼り付けると、心臓を電極パッドで挟んだ形になります。

右側に貼り付けた電極パッドから左側に貼り付けた電極パッドに電気が流れ、心臓にショックを与える仕込みです。

電気がスムーズに流れるように、しっかりと電極パッドを貼り付け、危険要因を取り除き、二次災害が発生しないように、安全かつ確実に電気ショックが実施できるようにしましょう。

電極パッドの貼り付け方２

電極パッドと肌の間に隙間をつくらないのよ。
隙間があると上手く電気ショックができないわよ。
成人用と小児用の2種類の電極パッドが入っているわよ。
成人用モードと小児用モードの切り替えがある機種もあるのよ。
成人用（小学生以上）・小児用（未就学児）
体毛の多い傷病者は体毛を剃って電極パッドを貼るのよ。
体毛が多いとパッドがしっかりと貼り付かないわよ。
もさ
もさ
もさ
金属類は取るのよ。
金属類を付けているとショックをしたときに火傷するわよ。

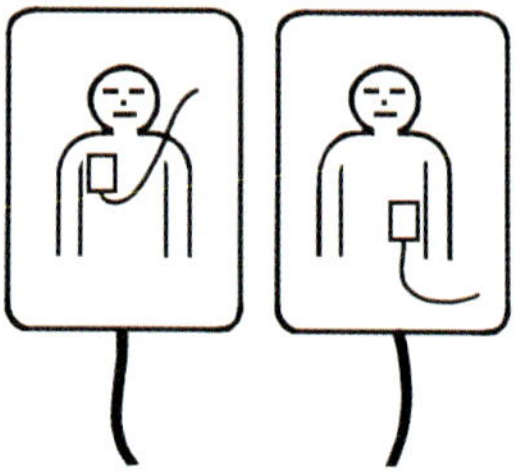

1コマ目では、救護者の身体が傷病者に触れていないか再確認しましょう。

2コマ目のように、心電図の解析とは心臓が今どのような状態なのかを波形で判断することです。ですから、傷病者に救護者が触れていると正確な波形を判断することができなくなります。

4コマ目のように電気ショックを行うときに、傷病者に触れていると感電してしまいます。感電したときの衝撃は傷病者の全身がビクンとなるくらい、かなりのものがあります。電圧1200～2000V、電流30～50Aです。

心電図の解析

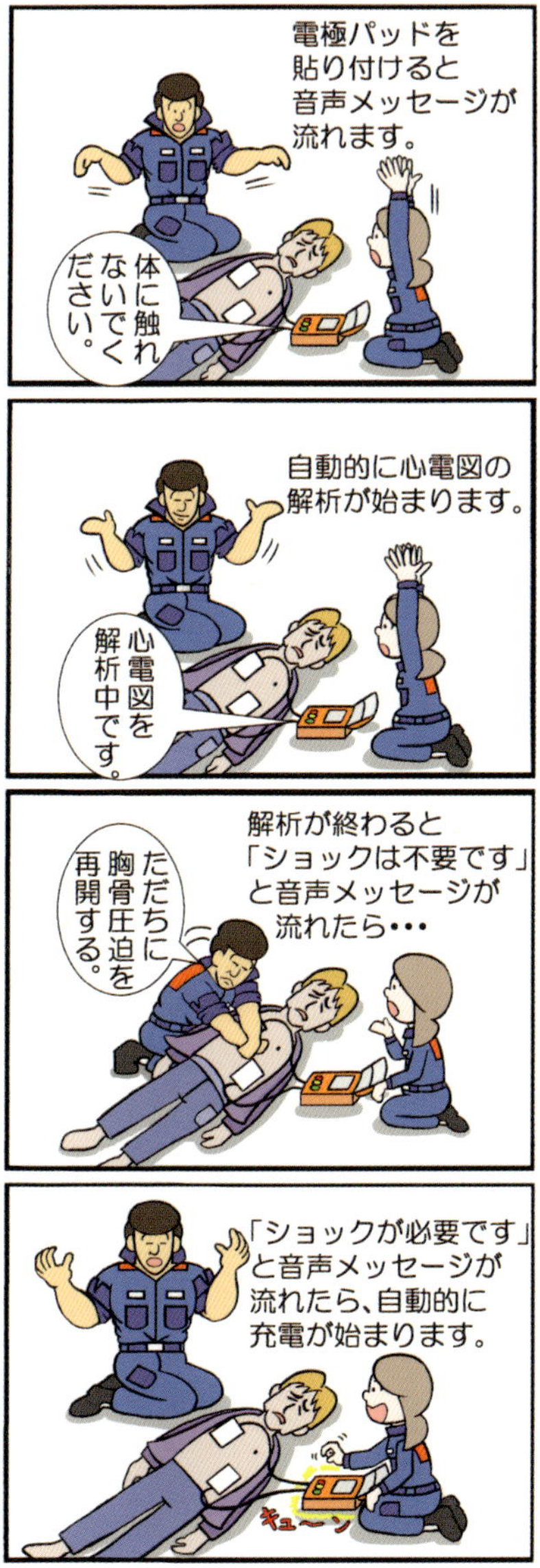
電極パッドを貼り付けると音声メッセージが流れます。
体に触れないでください。
自動的に心電図の解析が始まります。
心電図を解析中です。
解析が終わると「ショックは不要です」と音声メッセージが流れたら・・・
ただちに胸骨圧迫を再開する。
「ショックが必要です」と音声メッセージが流れたら、自動的に充電が始まります。
キュ～ン

ビビビビビ
感電

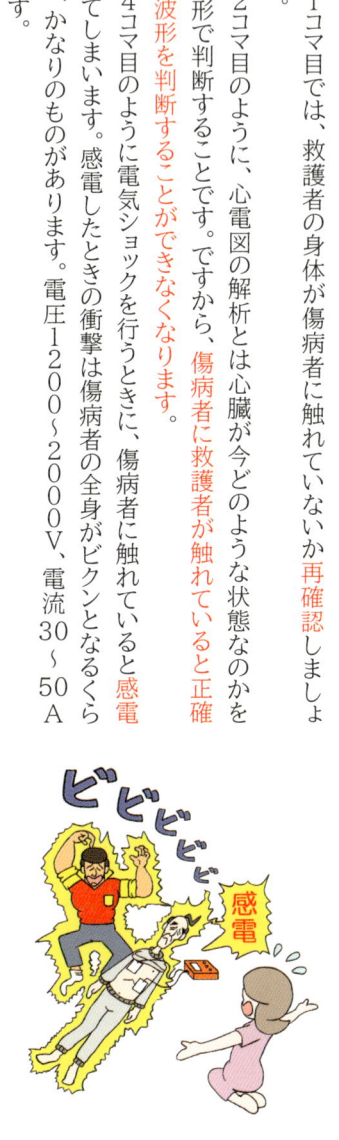

4コマのように電気ショックを行うときは、周囲の人に必ず「電気ショックを行います、離れてください」と言って、周知しましょう。誰も傷病者に触れていないことを確認してから、ショックボタンを押しましょう。

また、離れていても傷病者が水で濡れていたり、金属類などで傷病者と繋がっていたりすると感電してしまいます。

ただ、傷病者に触れなければ大丈夫かというと、電気は飛びますので十分な離間距離を取って、安全を確実に確保しておきましょう。

電気ショック

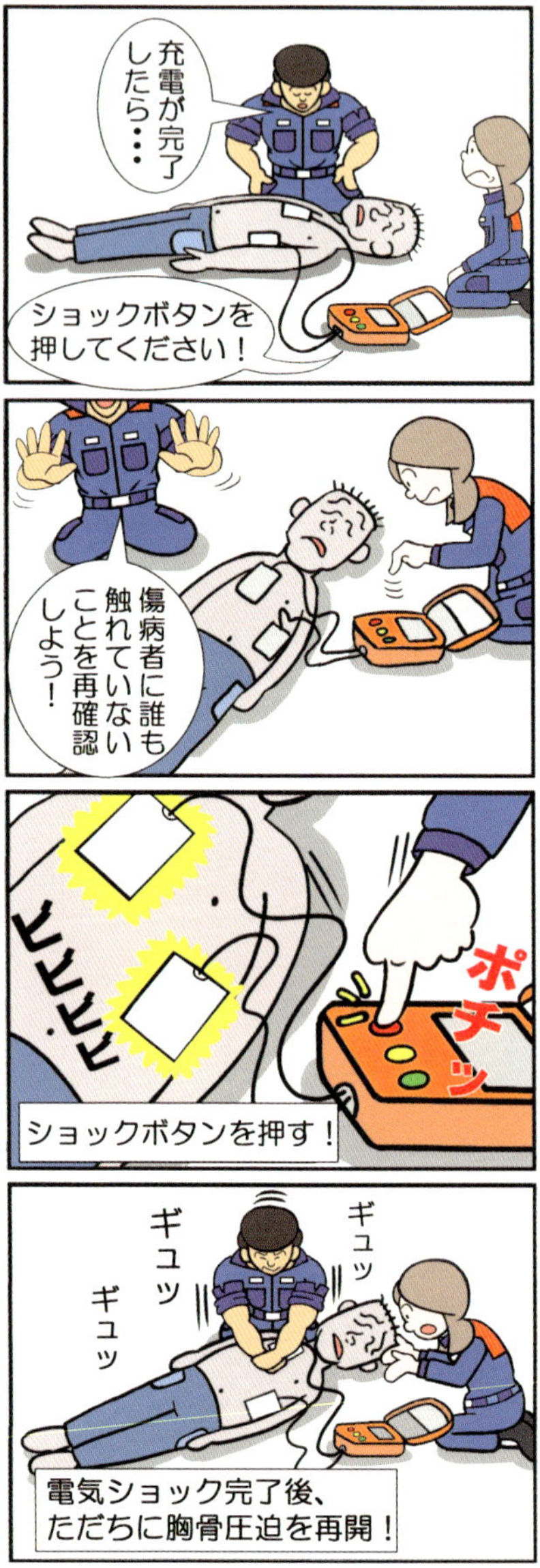
充電が完了したら・・・
ショックボタンを押してください！
傷病者に誰も触れていないことを再確認しよう！
ビビビビ
ポチッ
ショックボタンを押す！
ギュッ
ギュッ
ギュッ
電気ショック完了後、ただちに胸骨圧迫を再開！

心室細動と言って、心臓が細かく震える状態を感知し、電気ショックを音声で指示します。

1コマ目のように解析中は、**傷病者に触れない**ようにしましょう。傷病者に触れると、触れた人の体動で**正確な波形が出なくなります。**

また、ベッドの上など不安定な場所や、乗り物の中などでは、AEDが**震動を拾わないように静かに**しましょう。解析は1回では終わりません。**2分ごとに繰り返し**行われますので、救急隊に引き継ぐまでは、感電しないように注意を払いながら、心肺蘇生を継続してください。

救急隊が来るまで、あきらめずに頑張ってください！

AEDと心肺蘇生法

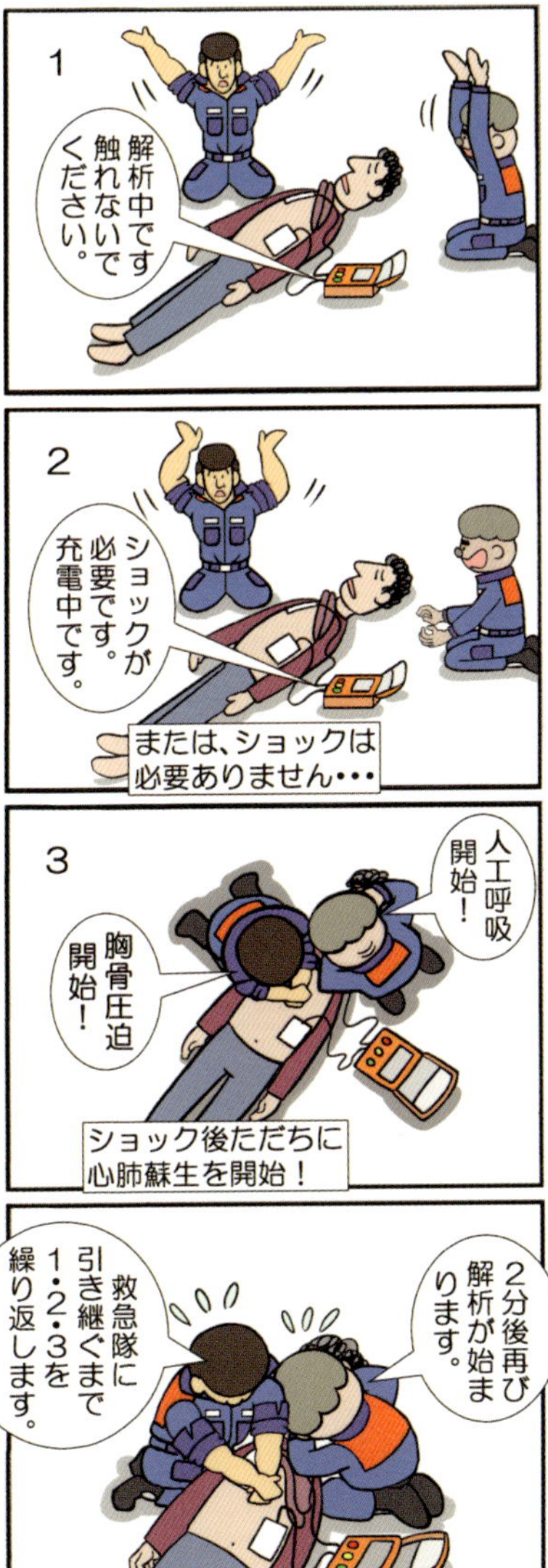
1
解析中です 触れないでください。
2
ショックが必要です。充電中です。
または、ショックは必要ありません・・・
3
人工呼吸開始！
胸骨圧迫開始！
ショック後ただちに心肺蘇生を開始！
2分後再び解析が始まります。
救急隊に引き継ぐまで1・2・3を繰り返します。

胸骨圧迫と人工呼吸を分担して頑張ってるのね。

救命処置の流れ

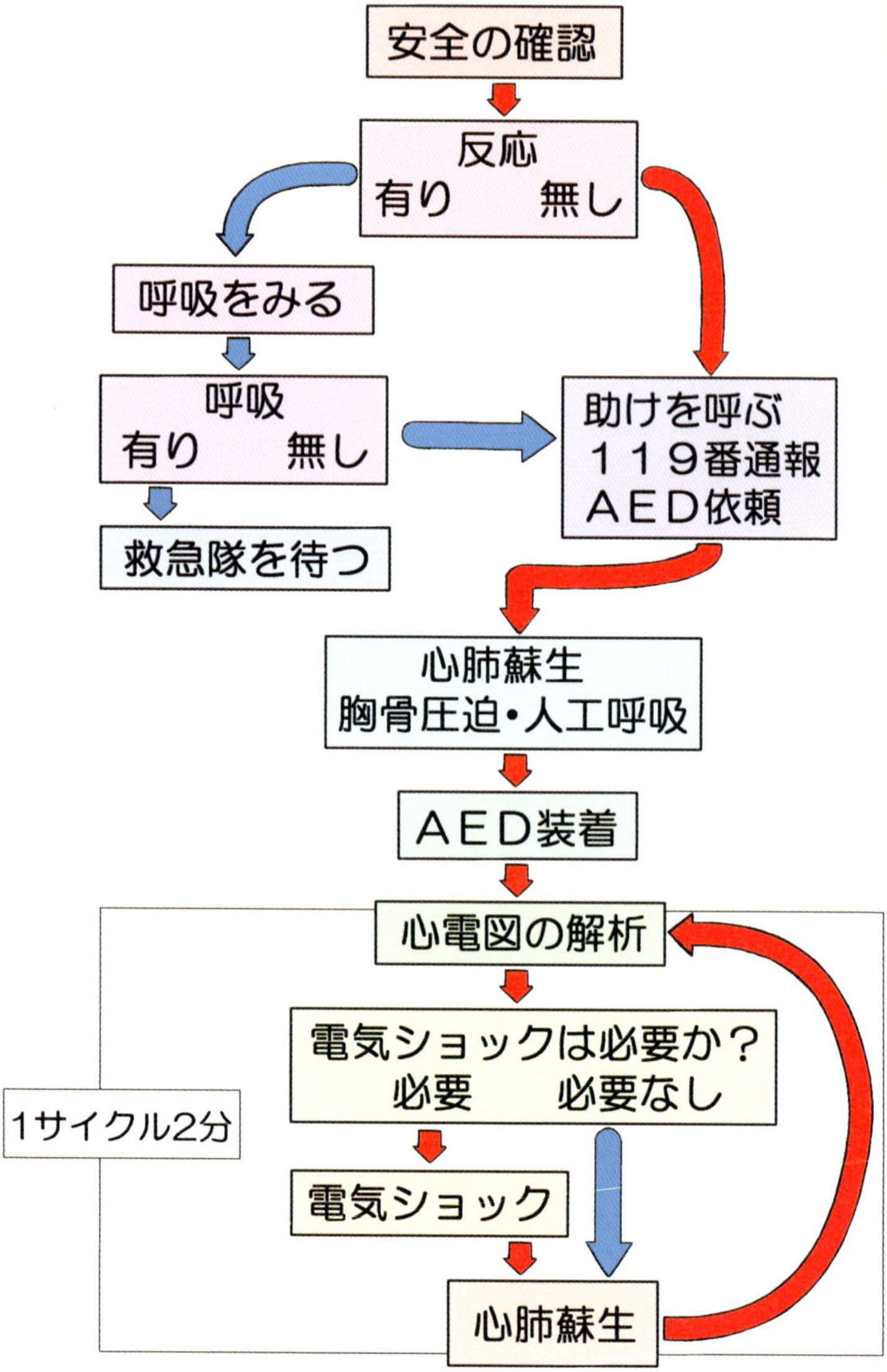
安全の確認
反応
有り　無し
呼吸をみる
呼吸
有り　無し
救急隊を待つ
助けを呼ぶ
１１９番通報
ＡＥＤ依頼
心肺蘇生
胸骨圧迫・人工呼吸
ＡＥＤ装着
心電図の解析
電気ショックは必要か？
必要　必要なし
電気ショック
心肺蘇生
1サイクル2分

まずは、1コマ目のように救急車の誘導が大切です。119番通報したときに消防は住所を聞きますが、間違っていたり、同じ住所が複数あったり、地図と違っていたり、道路が狭く直近まで近づけなかったり、階段があったり・・・ですからピンポイントで誘導しましょう。

2コマ目では、意識があるかないかの報告を、最初に行うことがポイントになります。

3・4コマ目では、救急隊員が持病や、かかり付けの病院などを聞くことで、搬送先病院の選定の判断材料にします。

救急隊が来たら

ピーポー
ピーポー
こっちです！
救急車が来たら誘導しよう！
傷病者の状況を報告する。
どうしましたか？
意識がありません。
持病はないか？
何か病気はありますか？
狭心症です。
かかり付けの病院はありますか？
○○病院へかかり付けです。

保険証や薬手帳など必要なものを準備するのよ！
保険証
薬手帳

1コマ目では、傷病者の意識がない場合、受け答えができない場合、家族が傷病者の持病などを把握できていない場合など、保険証・薬手帳・服用している薬などがあれば概ね傷病者の状態を把握することができます。

2コマ目のように、あわてずに落ち着いて、しっかりと戸締まりと火の用心をして、3コマ目のように、救急車に付き添い同乗しましょう。

4コマ目のように自家用車で搬送先病院に行くときも、あわてずに落ち着いて安全運転で！

救急車は緊急走行をします。
自家用車で救急車について行ってはだめですよ！

救急搬送

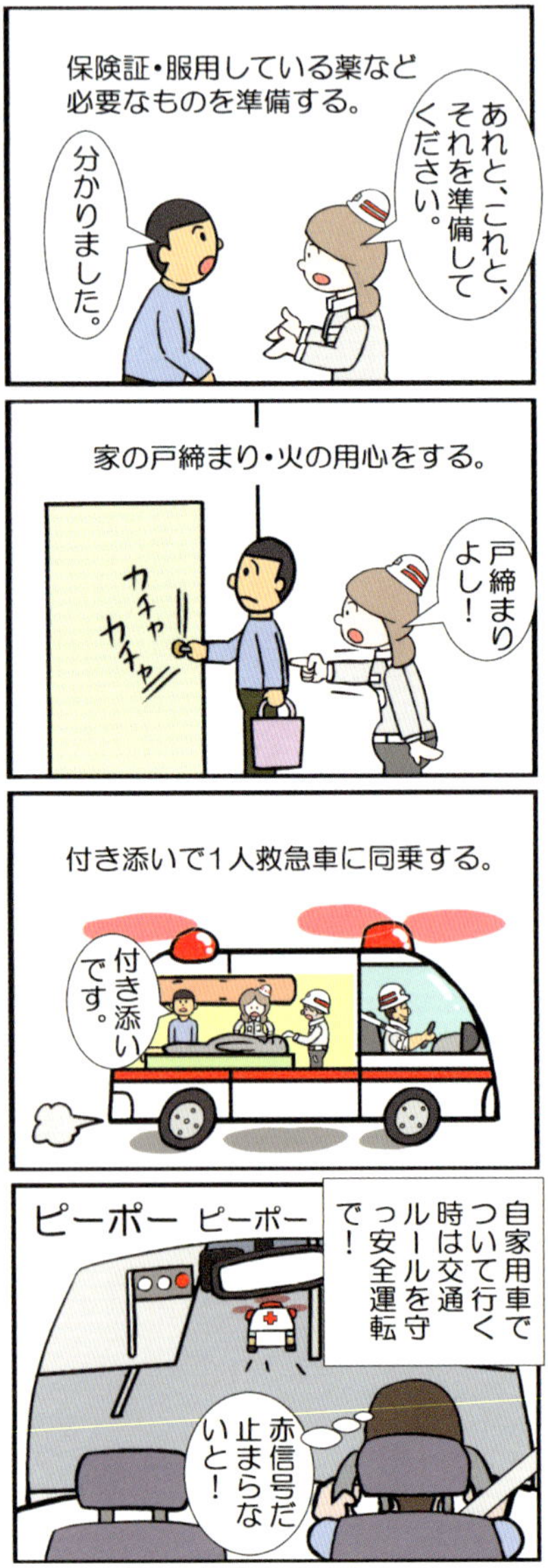
保険証・服用している薬など必要なものを準備する。
あれと、これと、それを準備してください。
分かりました。
家の戸締まり・火の用心をする。
戸締まりよし！
カチャカチャ
付き添いで1人救急車に同乗する。
付き添いです。
ピーポー ピーポー
自家用車でついて行く時は交通ルールを守って安全運転で！
赤信号だ止まらないと！

救急隊は原則、傷病者の状態に対応できる直近の病院に搬送しますが、継続治療中の病院や傷病者本人や家族の希望する病院があれば考慮します。

2・3コマ目のように、搬送する病院は救急隊員が傷病者の状態を判断して決定します。救急車がなかなか搬送を開始しないのはそのためです。

救急車を走らせながら病院に手配していると、4コマ目のように病院が受け入れを拒否したときに、違う方向の病院に向け救急車を走らせなくてはならないことになりかねません。

救急搬送の病院決定

なるほどね～
必要な情報を取るんだ。
気分が悪いです。
受け入れできますか？
対応可能な病院に連絡する。
大丈夫かなぁ？
受け入れ可能だ！
病院が決まれば搬送開始。
救急隊員が病院を選定しているんだ。
よかった・・・
ここがたらい回しの原因だ。
現場から搬送開始まで・・・
傷病者の症状を判断
対応可能な病院と交渉
病院がOKしたら
搬送開始
チョイチョイ

大きな事故などでは、外科や内科など複数の診療科目が必要となるので、大きな総合病院へ搬送します。

1コマ目に「その人ができることをしたのなら・・・」とありますが、やったことが逆効果となって助かるはずであった命が亡くなることもあります。それは助けようとする気持ちに知識や技術が伴っていないから、間違った応急処置をしてしまったための悲しい結果なのです。

4コマ目はサマリア人が傷の手当てをしています。これは人を助ける気持ちと知識と技術を持っていたからできたのです。

一番大切なのは人を助ける気持ちですが、それだけでは人の命を救う資格はないのです。

気持ちだけでは命は救えないのが現実なんです。

善きサマリア人の法

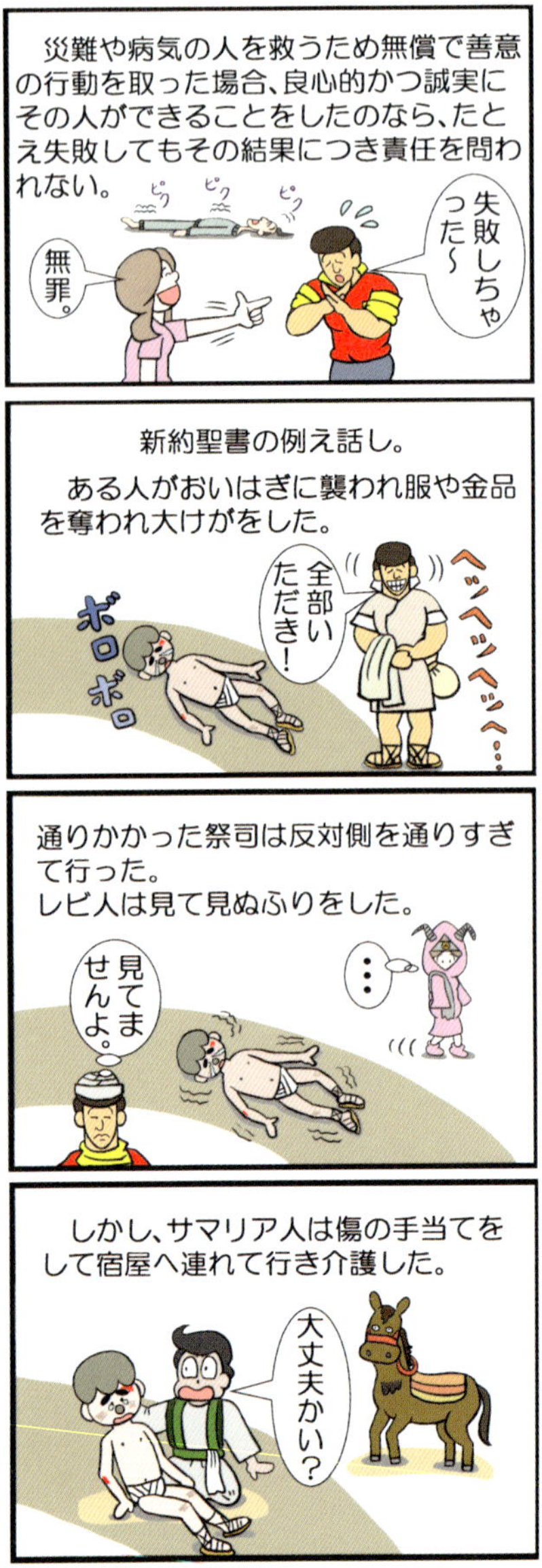
災難や病気の人を救うため無償で善意の行動を取った場合、良心的かつ誠実にその人ができることをしたのなら、たとえ失敗してもその結果につき責任を問われない。

ピク ピク ピク
失敗しちゃった～

無罪。

新約聖書の例え話し。

ある人がおいはぎに襲われ服や金品を奪われ大けがをした。

ヘッヘッヘッヘ・・・

全部いただき！

ボロボロ
通りかかった祭司は反対側を通りすぎて行った。

レビ人は見て見ぬふりをした。
・・・
見てませんよ。

しかし、サマリア人は傷の手当てをして宿屋へ連れて行き介護した。

大丈夫かい？

人を助ける気持ちと知識と技術を持ち合わせても、命を助けることができなければ、医者でも救急救命士でも、恩を仇で返されるようなことになることがあります。

傷病者の家族の気持ちからすると、決して悪意があるわけではないと思いたいところです。

しかし、家族を失った悲しみのやり場は、直接救命行為を行ったあなたにしか向けようがないのです。救護者を守るための専門的な法整備が必要なのです。

助かる助からないは、その人の運命なのです。善意の人を責めてはいけないのよ。

日本での善きサマリア人の法

病院の近くで急病が発生、居合せた医師は専門外だったが、緊急のため気管切開を行い、出血死させてしまった。

医師が死なせたってことか？

警察は、業務上過失致死罪の取り調べを行い、患者妻から賠償請求された。

旅客機内で急病が発生、居合せた医師が応急処置をしたが、心筋梗塞で帰らぬ人となった。

限られた条件で頑張ったんだぞ！

遺族は医師の処置に疑問を抱き訴訟騒ぎになった。

交通事故が発生、救急救命士がプライベートで、救命処置を行った。

人を助けて懲戒処分？

関連法規に抵触する可能性があるとして、停職６ヶ月の処分となった。

日本では、善意ある行為でも個人の責任とされているのです。

これは極端な事例ですが、現実なのです。

…

医師でも２５％がドクターコールに応じないと回答しています。

救命《きゅうめい》の迷路《めいろ》

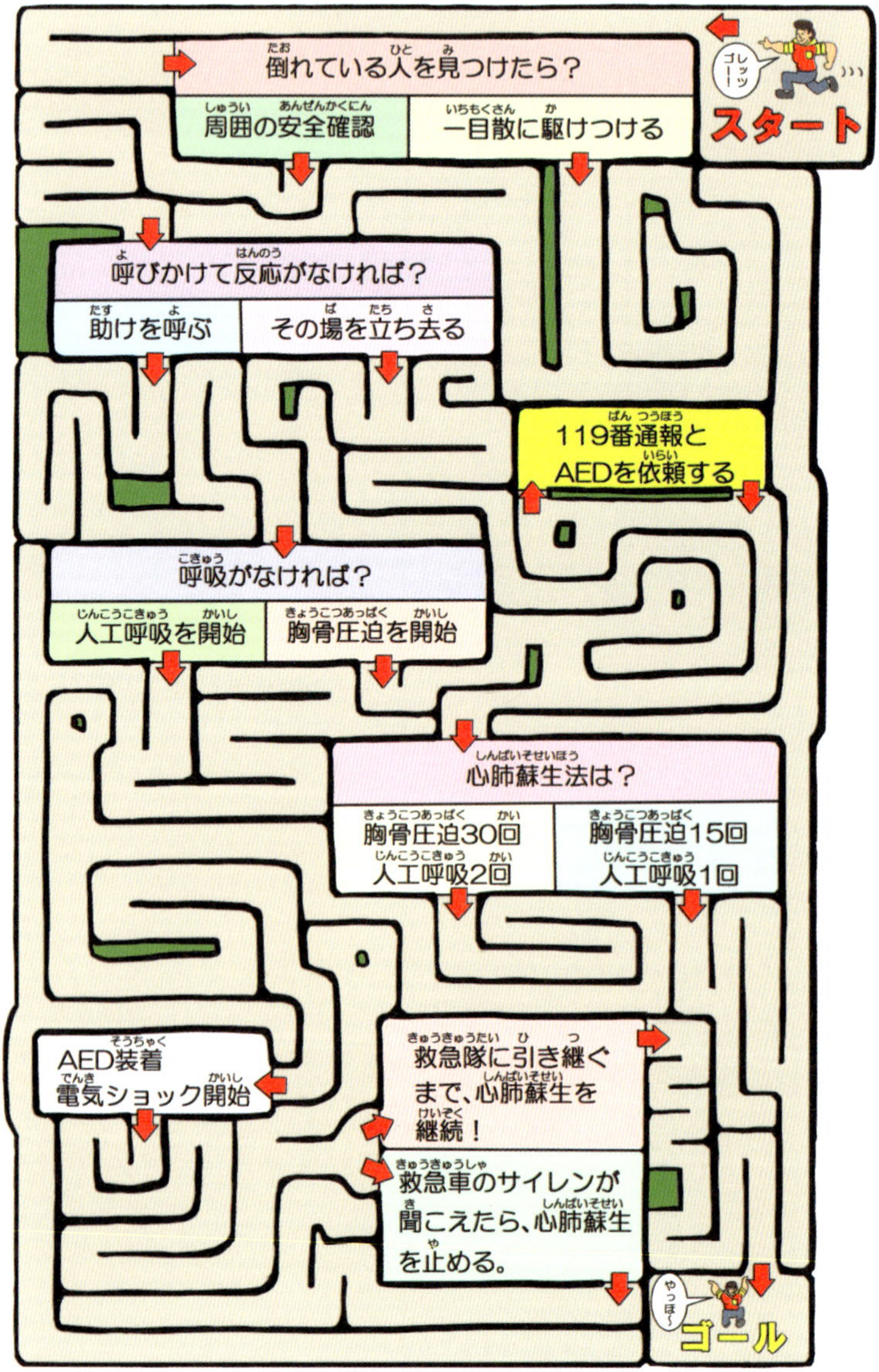
レッツゴー！
スタート
倒《たお》れている人《ひと》を見《み》つけたら？
周囲《しゅうい》の安全確認《あんぜんかくにん》
一目散《いちもくさん》に駆《か》けつける
呼《よ》びかけて反応《はんのう》がなければ？
助《たす》けを呼《よ》ぶ
その場《ば》を立《た》ち去《さ》る
119番通報《ばんつうほう》と
AEDを依頼《いらい》する
呼吸《こきゅう》がなければ？
人工呼吸《じんこうこきゅう》を開始《かいし》
胸骨圧迫《きょうこつあっぱく》を開始《かいし》
心肺蘇生法《しんぱいそせいほう》は？
胸骨圧迫《きょうこつあっぱく》30回《かい》
人工呼吸《じんこうこきゅう》2回《かい》
胸骨圧迫《きょうこつあっぱく》15回
人工呼吸《じんこうこきゅう》1回
AED装着《そうちゃく》
電気《でんき》ショック開始《かいし》
救急隊《きゅうきゅうたい》に引《ひ》き継《つ》ぐ
まで、心肺蘇生《しんぱいそせい》を
継続《けいぞく》！
救急車《きゅうきゅうしゃ》のサイレンが
聞《き》こえたら、心肺蘇生《しんぱいそせい》
を止《や》める。
やっほ～
ゴール

倒《た》れている人《ひと》を見《み》つけたら 子ども

周《まわり》りを見《み》て安全《あんぜん》を
確《たし》かめよう！
危険《きけん》だと思《おも》ったら
近《ちか》づかないこと！

大《おお》きな声《こえ》で大人《おとな》を
呼《よ》んで、助《たす》けても
らおう！

できたら119番《ばん》に
電話《でんわ》しよう！

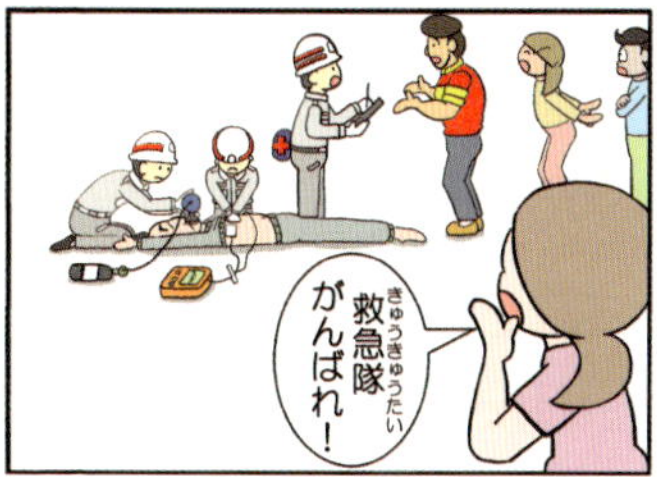

救急隊《きゅうきゅうたい》が来《き》たら、
じゃまにならない
ようにしよう！

第2章

火災から生き残る術を学ぼう！

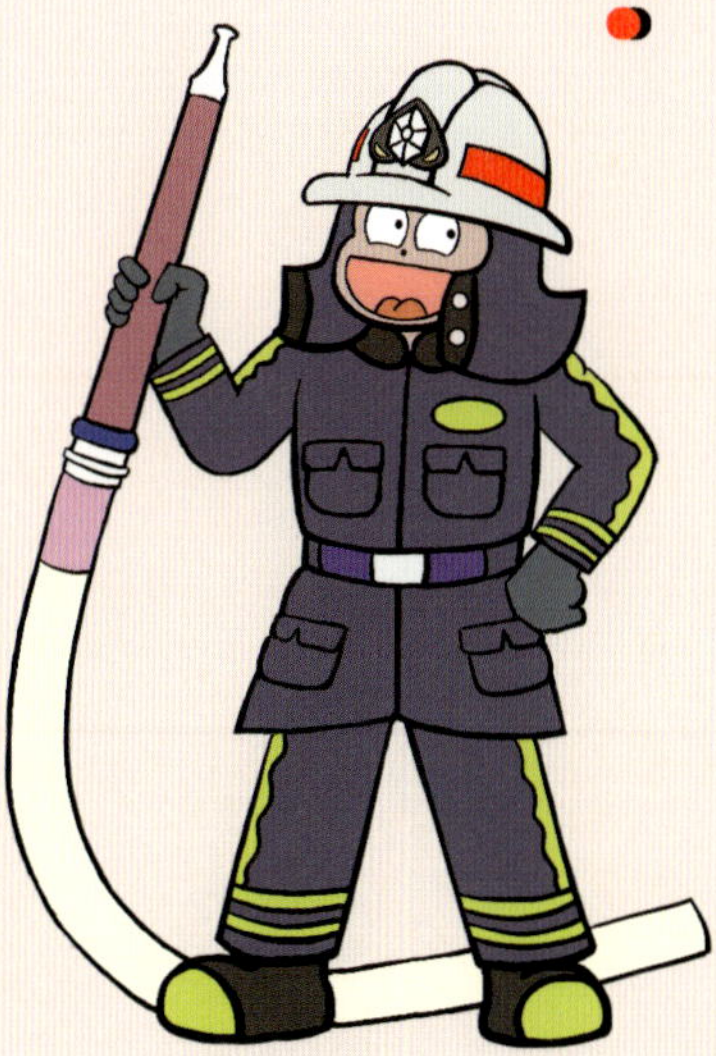

火災

私の経験では、火災とは生き物なのです。小さな火が大火災へと成長して行き、まるで炎の巨大な龍がうねりながら、全てを焼き尽くし燃えるものがなくなるまで巨大化していくのです。

特に消防危険区域といった古い木造の市場や商店街などが密集している区域では、炎が猛威をふるい消防隊が劣勢になることが多いのです。林野火災などは広範囲に火災は成長して行き、地上からの消防隊の活動は地形や気象条件、水利の状況などで非常に困難な状態に陥ります。トンネル内の火災や地下街、地下室などの火災では、熱と煙が充満して消防隊の進入を困難にします。

一言に火災と言っても様々な形態があり、消防隊の対応も様々なのです。私は、あなたに消防隊のような危険な活動をしなさいとは決して言いません。あなたができることは、消防隊が来るまでの8分の間に、初期消火、避難誘導、119番通報の3つのことだけです。特に注意すべきことは、初期消火です。あわてたり無理をして火を消そうとすると、自分の命を失うことになりかねません。また、消防隊にもあなたの人命救助や応急救護といった負担が増えることになります。

このように火災というものは、緊急性が高いがゆえに二次災害の発生危険が非常に大きいのです。

火災現場に遭遇したら、まずは自分の安全の確保をして無理な活動をしない、火災が成長して危ないと判断したら、すぐに避難しましょう。しかし、避難して終わりではありません、あなたにはまだできることがあります。火傷などをしたけが人の応急処置。どこで何がどの程度燃えているのか、逃げ遅れはいないのか、石油やガスなどの危険なものはないのか、隣の家への延焼危険はないのか、消防隊が到着したときの誘導など、これらの情報を消防隊に提供することができたら助かります。このように直接的に、消火活動ができなくても消防隊のバックアップとして、手助けをすることができるのです。

そのためには「生き残る術」で消防士の知恵と技を学んでおく必要があるのです。

火災《かさい》に立《た》ち向《む》かえ！

火《ひ》の用心《ようじん》。
チャキ
チャキ
たばこの始末《しまつ》。
ジュ〜
揚《あ》げ物《もの》をしている時《とき》は、その場《ば》を離《はな》れない。
たき火《び》の始末《しまつ》。
シュ〜
花火《はなび》は子《こ》どもだけでさせない。
放火《ほうか》されない環境《かんきょう》づくり。
子《こ》どもの火遊《ひあそ》びはダメ！
ストーブの近《ちか》くにものを置《お》かない。

タコ足《あし》配線《はいせん》はダメ。
コンセントにホコリを溜《た》めない。
早《はや》く火災《かさい》に気《き》づこう！
ん？
住宅用火災警報器《じゅうたくようかさいけいほうき》の設置《せっち》
条例《じょうれい》で義務《ぎむ》化《か》されているのよ。
初期消《しょきしょう》火《か》しましょう。
初期消火《しょきしょうか》訓練《くんれん》をしましょう。
消火器
早《やは》く逃《に》げよう。
避難訓練《ひなんくんれん》に参加《さんか》しよう！

消防署《しょうぼうしょ》へ通報《つうほう》する。
火事《かじ》よ〜
大変《たいへん》です。
１１９番《ばん》消防《しょうぼう》です。
消防法《しょうぼうほう》にはこんなことが書《か》いてあるよ。
消防法
火災《かさい》を発見《はっけん》したら１１９番《ばん》すること。
火事《かじ》です。
火災《かさい》の通報《つうほう》に協力《きょうりょく》すること。
これを使《つか》って。
関係者等《かんけいしゃなど》は、消火《しょうか》・延焼《えんしょう》の防止《ぼうし》・人命救助《じんめいきゅうじょ》を行《おこな》うこと。
付近《ふきん》にいる者《もの》は、消火《しょうか》・延焼《えんしょう》の防止《ぼうし》・人命救助《じんめいきゅうじょ》に協力《きょうりょく》すること。
情報《じょうほう》の提供《ていきょう》に応《おう》じること。
逃《に》げ遅《おく》れはいませんか？
いません。

火災警戒区域《かさいけいかいくいき》や消防警戒区域《しょうぼうけいかいくいき》にははいらない。
危険《きけん》よ。
立入禁止
立入禁止
消防車《しょうぼうしゃ》に道《みち》をゆずること。
消防車《しょうぼうしゃ》がとおります。
ウ〜
消防用機械器具《しょうぼうようきかいきぐ》や消防水利《しょうぼうすいり》から5m
は駐車禁止《ちゅうしゃきんし》。
こらっ!
送水口
消火栓
道路交通法《どうろこうつうほう》や道路運送車両法《どうろうんそうしゃりょうほう》にもきまりがあるのよ。
緊急車両《きんきゅうしゃりょう》が本線《ほんせん》にはいるときはさまたげない。
ウ〜
消防車《しょうぼうしゃ》が本線《ほんせん》にはいります。
緊急車両《きんきゅうしゃりょう》がせっきんしてきたら
左《ひだり》によけて道《みち》をゆずること。
消防車《しょうぼうしゃ》がとおります。
みなさんにできることは、まだまだたくさんあります。
消防活動《しょうぼうかつどう》にきょうりょくおねがいします。
チャッ
地元《じもと》のヒーロー消防団員《しょうぼうだんいん》になろう!
キョホッ

消火設備とは、消防用設備の1つです。消防用設備とは、消防用に供する設備・消防用水・消火活動上必要な施設に区分され、その中の消防用に供する設備には、消火設備・警報設備・避難設備があります。

消火設備は、火災が発生したときに、素早く消火活動を行うことで、火災による生命・身体・財産の被害を最小限にするための設備です。

使用する者は、火災を発見した者で消火活動ができる者です。主にその建物の関係者が、消防隊が到着して消火活動を始めるまでの、初期消火に使用されることを想定しています。

消火設備

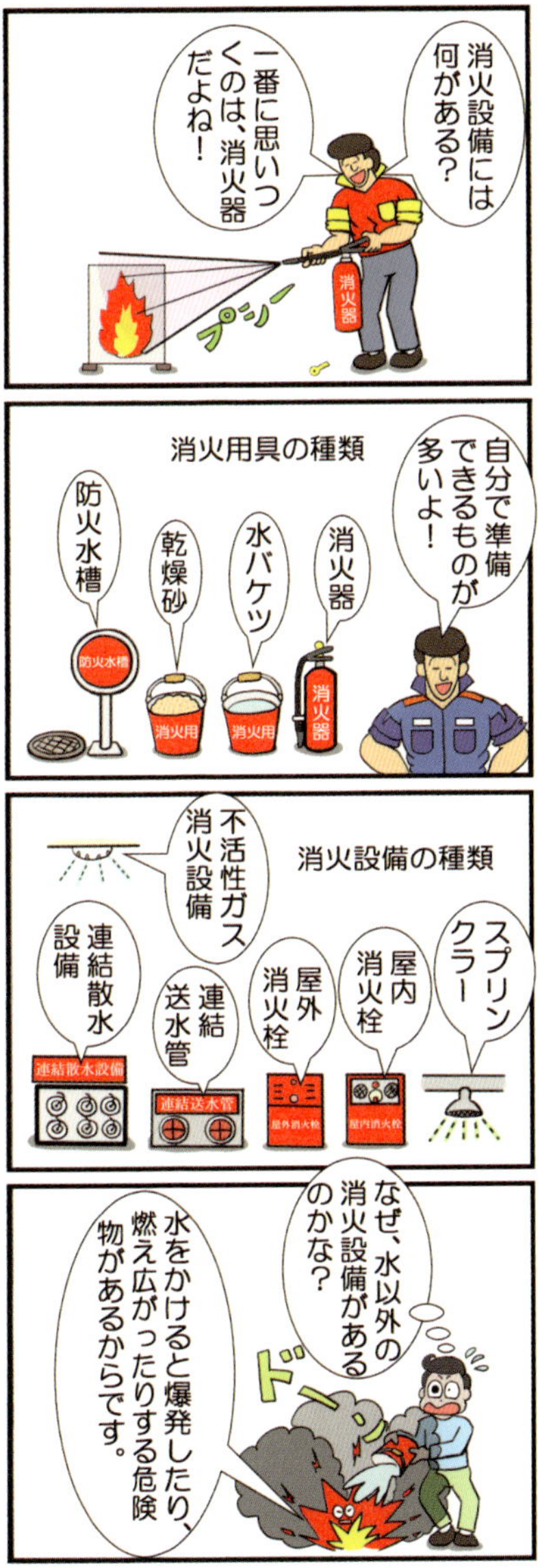

消火器を使用する前に、消火器がどこにあるのかを知っておかないと困ります。消火器を置いている家庭もありますが、基本的には一般の家庭への設置は法律で義務付けられていません。設置義務がある対象物は、小さな店舗（飲食店など）から一定規模以上の大きな建物や不特定多数の者が出入する建物など、様々な対象物が該当します。

また、消火器は、すぐに使用できる場所で床面から1・5m以下の高さで、歩行距離で20m以内に「消火器」と書いた標識とともに設置されます。

消火器の使い方

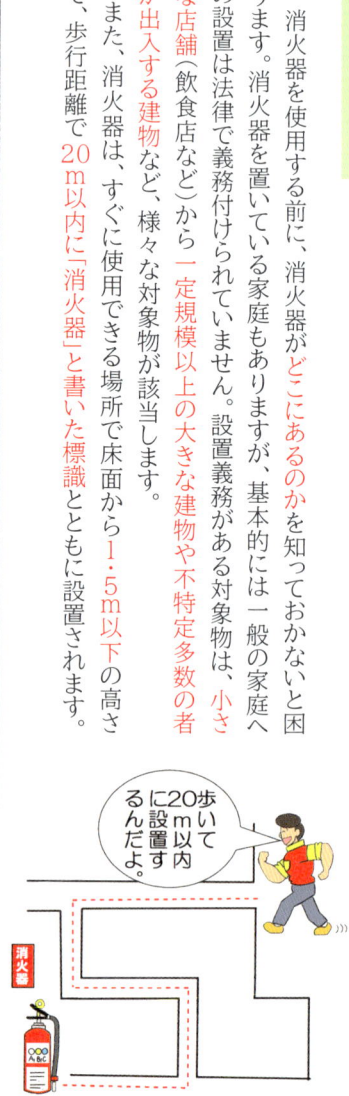

消火器でどの程度の火災を、消火できるのか分かりますか？　この消火能力を知らないで、消火活動をするには不安があると思います。

消火器の能力は、消火器に「A-3・B-1・C」などと表示されています。

Aとは普通火災、Bとは油火災、Cとは電気火災に適応します。

数字が能力の単位です。A-3なら3単位だと分かります。

Aの1単位は約8㎡の表面積を消火できる能力です。約一辺が1・1mの木材を積んだ立方体をイメージすると良いでしょう。

Bの1単位は燃焼面積2㎡を消火できる能力です。

Cには能力単位はありません。

消火器の基礎知識

種類
加圧式、レバーを押すことで、加圧ボンベが破れ圧力がかかります。
蓄圧式、常時消火器内に圧力がかかっています。
使用できる火災の種類
電気火災
油火災
普通火災
使用能力
放射距離は約5m。
放射時間は約15秒。
避難
火が天井についたら逃げるのよ。

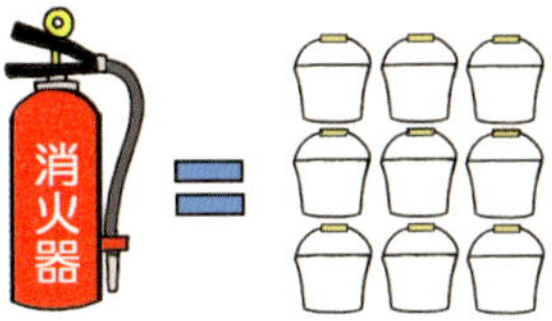
消火器

A－3単位の消火器は、水バケツ9杯分の消火能力と同じです。

消火器を使用して、効力を発揮させるためには、消火器が正常に作動しなければなりません。そのためには、日頃からの適正な維持管理が必要です。

消防法で設置が義務づけられている消火器は、使用期限があります。

また、外観や機能などの点検を定期的に実施して、決まった期間内に、消防署（消防長又は消防署長）に報告しないといけません。

報告を怠ったり、虚偽の報告をした者には、30万円以下の罰金又は拘留が科せられます。このように消火器には、火災から命や財産を守るために、厳しい取り決めがあるのです。

消火器・使用上の注意事項

逃げ道を確保する。
姿勢を低くする。
適切な距離をとる。
逃げ道
消火器
風上から放射する。
消火器
最後は水で消火する。
消火剤は浸透力が無いんだ。
とどめだ！
設置場所、適応火災、放射時間等を確認しておこう。
消火器
ココだよ！

今、あなたから一番近くにある消火器はどこ？

消防設備とは

消防設備とは、火災が発生したときに消防隊が到着するまでの初期消火のための設備で、建物関係者はもちろん初期消火を支援する人達が使用するためのものです。そのためには、いざというときに使用できるように、適正な維持管理と取り扱いを熟知しておかなければなりません。

消防設備は建物の規模や不特定多数の人が出入りするなど、火災になったときの危険性が高くなればなるほど、高度な消防設備が必要となります。例えば、大きなデパートなら、消火器・避難誘導灯・避難器具・スプリンクラー設備・自動火災報知設備・屋内消火栓・防火シャッター・防火戸などいろいろな消防設備が設置されています。

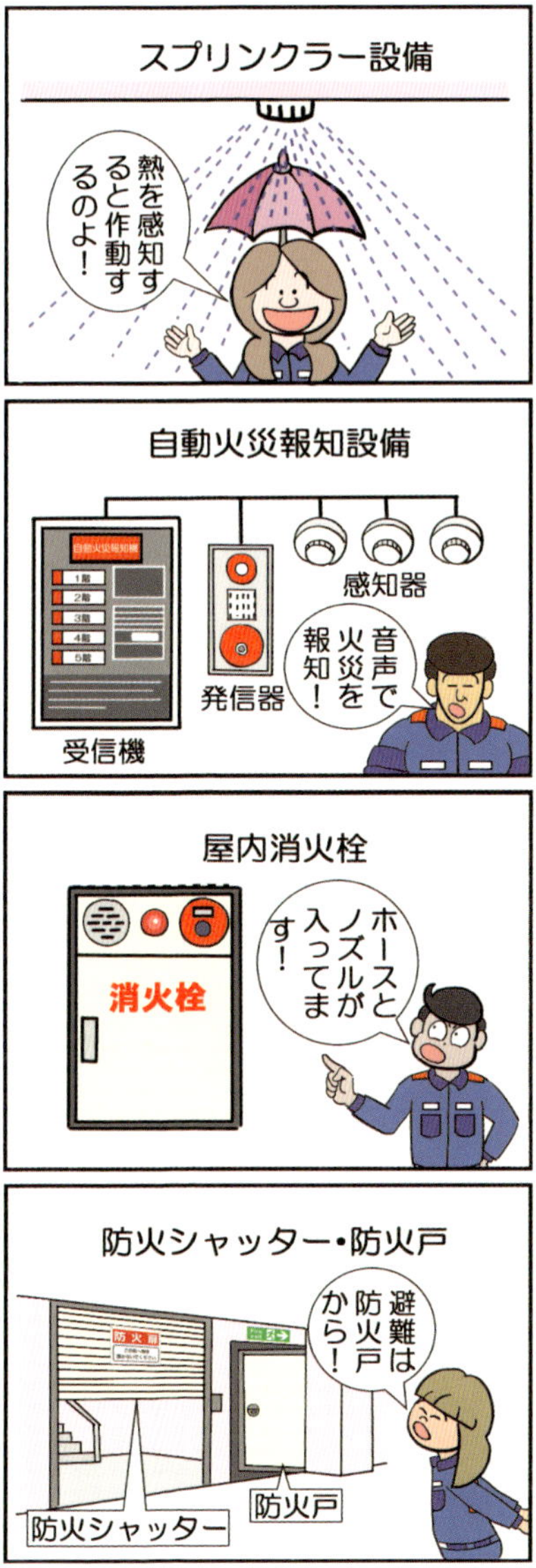
スプリンクラー設備
熱を感知すると作動するのよ！
自動火災報知設備
感知器
発信器
受信機
音声で火災を報知！
屋内消火栓
消火栓
ホースとノズルが入ってます！
防火シャッター・防火戸
避難は防火戸から！
防火シャッター
防火戸

あなたの身近には、どのような消防設備があるのかな？

火災を消火するためには、水が必要です。その水を確保するために「消防水利」というものが様々な場所にあることを知っていますか？

消防水利は消防法第20条で、消火栓・私設消火栓・防火水槽・プール・河川・溝・池・濠・湖・井戸・下水道などが指定されています。

消火栓・私設消火栓・防火水槽などは、使用する際に開閉器という蓋を開ける特殊な器具や消防ポンプ（消防車など）などの機能がないと水を出すことができません。ですから、一般の人が単独で使用することはあり得ません。皆さんの消火活動は、水道水や風呂場のため水・プール・河川・池などを使用したバケツリレーや水道ホースがメインになります。

消火のための水

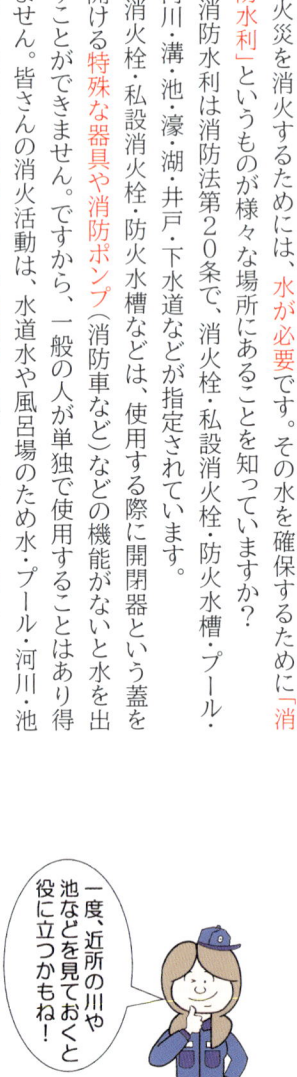

消火栓はホテル・百貨店・病院・地下街などで面積の大きい対象物（主に700㎡）に設置されています。消火栓には、屋内消火栓と屋外消火栓の2種類がありますが基本的には同じものです。

消火栓の中には、消火ホースとノズルが収納されています。ホースの長さは、15～30mまでいろいろありますが、どの消火栓でも消火栓と消火栓の間を火災防御できるように配置されています。

また、消火栓が設置されているような、大きな会社などは、自衛消防隊の組織的な設置が義務けられていることがあります。

消火栓の使い方

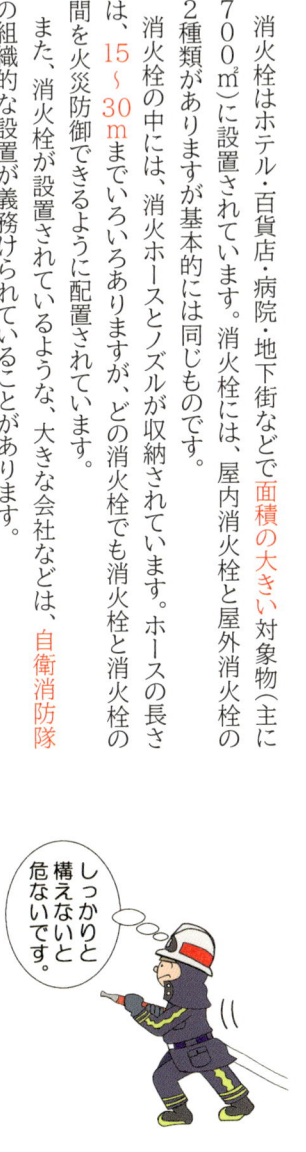

防火シャッターは、火災の熱を感知すると、閉まって火が燃え広がるのを防止する役目をします。建築基準法で設置が義務づけられ、対象となる建物は、学校や病院などの大きな建物です。

防火区画とは、火災の被害を防止するため、仕切り（防火シャッター）などの防火戸で構成される区画のことです。建物内に一定の区画を設けて、その中で火災が発生したときに火をその区画から出さないようにする構造です。

また、閉鎖された空間にすることで、酸素の供給量を減らし、火災の成長を抑制する効果もあります。

防火シャッター

シャッターが降りてきて「防火区画」を造るわよ。
延焼防止！
ガガガガ
火災を感知器が感知。
シャッターが自重で降りてくる。
止めることはできません。
無理にくぐり抜けようとすると危険です。
挟まれ事故が発生しています・・・
ガシャン
閉じ込められたら非常扉から脱出しよう！
避難経路上なら、シャッターはすぐ近くにあるよ！
防火シャッター
非常扉
非常扉が近くに無かったら・・・
「非常口」とかいた誘導灯に従うと出口が見つかるぞい！
非常扉は、出口の方向に向かって押すと開くようなっているぞぃ。
引き戸なら出口の方向じゃないぞぃ。
非常口

約８分
防火シャッターは、被害の軽減と消防隊が来るまでの時間稼ぎをするのよ！

ベランダの仕切り板

アパートやマンションなど、集合住宅のベランダに設置されています。
仕切り板
非常時には、ここを破って避難してください。
非常時の避難経路の確保のために設置されているのよ。
どっちを破れば避難できるの？
こっちは下階へ避難できます。
どっちかなぁ？
こっちは行き止まり隣には避難できます。
表示がある方を破れ！
オラオラオラ～
仕切り板
破り方
避難方向を確認する。
蹴って破る。
通れる大きさまで破壊する。
ギザギザに注意！
破れないよぅ～
仕切り板の前にものを置かない。

火災のとき、仕切り板を蹴破ろうとしても、力の弱い子どもや女性などには、難しいかもしれません。蹴破るこつは、あわてずに落ち着いて、かかとで力を一点に集中して蹴りましょう。1回では破れなくても、同じ場所を何回も蹴り続けることで、破ることができます。

さらに、バットやゴルフクラブ・フライパンなどを使用することも考えておくと良いでしょう。また、隣との境にある仕切り板ですが、管理はどちらにあるのでしょうか？

仕切り板はビスで止められています。そのビスを止める作業をする側の管理になります。よって、ビスの頭がある方の管理になるのです。

ベランダは共用部分ですが、専用使用権ってやつで仕切り板でプライベートを守っているのよ。

あなたは、有事の際、避難器具を使って安全な場所へ避難することができますか？

3コマ目の滑り台なら問題はないでしょう。4コマ目の避難はしごも、何とか大丈夫でしょう。

しかし、1コマ目の緩降機や2コマ目の救助袋などは、難しいと思います。このような避難器具は、設置するところから自分達で行わないといけないので、当該建物の関係者や消防隊などの、知識のある人でないと使用はできないと思います。このような避難器具を使用して避難する場合は、当該建物の関係者や消防隊の指示に従いましょう。

避難器具

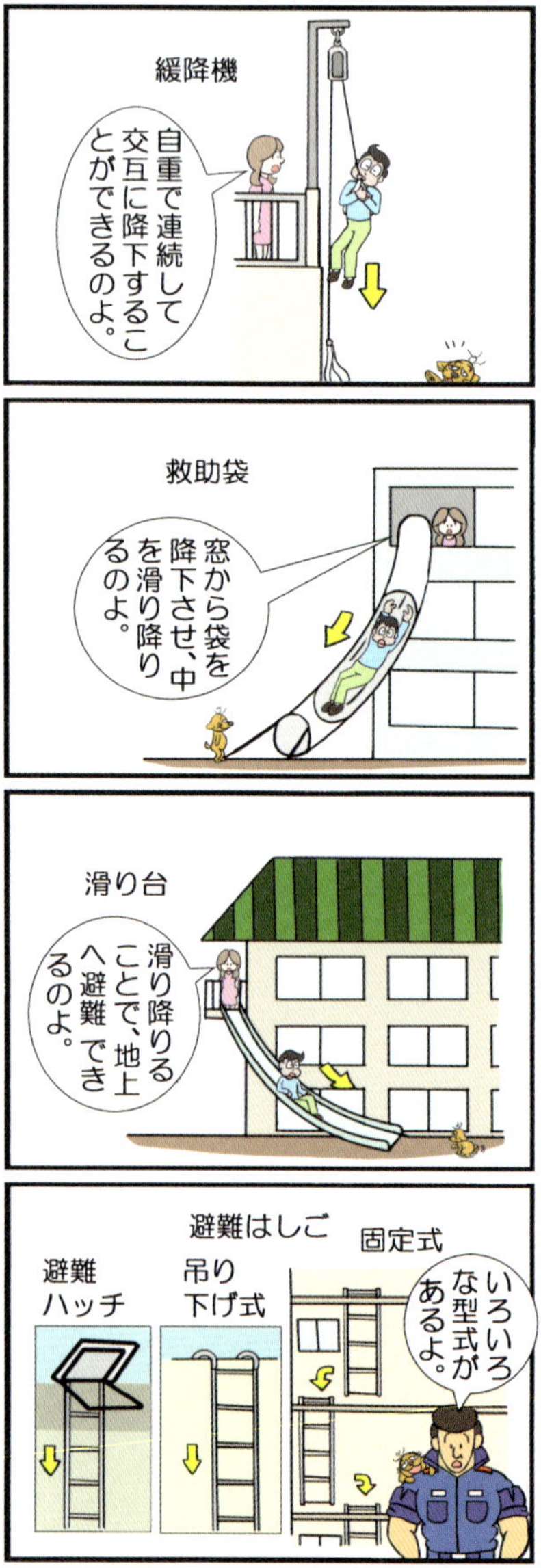
緩降機
自重で連続して交互に降下することができるのよ。
救助袋
窓から袋を降下させ、中を滑り降りるのよ。
滑り台
滑り降りることで、地上へ避難 できるのよ。
避難はしご
固定式
避難ハッチ
吊り下げ式
いろいろな型式があるよ。

避難器具を使った訓練で、けがや死亡事故が発生しているわよ。真剣に取り組むのよ！。

住宅用火災警報器は、主に一般住宅に設置され、火災の煙や熱を感知して、音声やブザー音で知らせる警報器です。

特に就寝中に出火した場合は、火災に気づくのが遅れ、避難ができなくなるため、死者が多いということです。

火災の死者にならないためには、住宅用火災警報器の設置も大切ですが、それだけに頼ってはいけません、日頃から火災予防を心がけて、就寝前にはしっかりと火の用心をするように習慣づけましょう。

住宅用火災警報器

火災の死者の約７割が住宅で発生。
逃げ遅れを防ぐために設置しよう！
設置していますか？
火災をいち早く知らせてくれる。
ビー
火災発生！
煙が上昇。
警報器が感知。
警報音で知らせる。
熱感知もあるよ！
設置場所
寝室のある階の階段上部。
寝室
寝室
寝ている時は火災に気づくのが遅れるからね・・・
火災警報器の寿命
ビビビビビビー。
警報器の動力は電池です。
電池の寿命は１０年です。
１０年以内で電池交換をしましょう。
電池切れを警報音で知らせるよ。

消防法第９条の２により、全ての住宅に設置が義務付けられているのよ。

住宅用火災警報器の誤作動

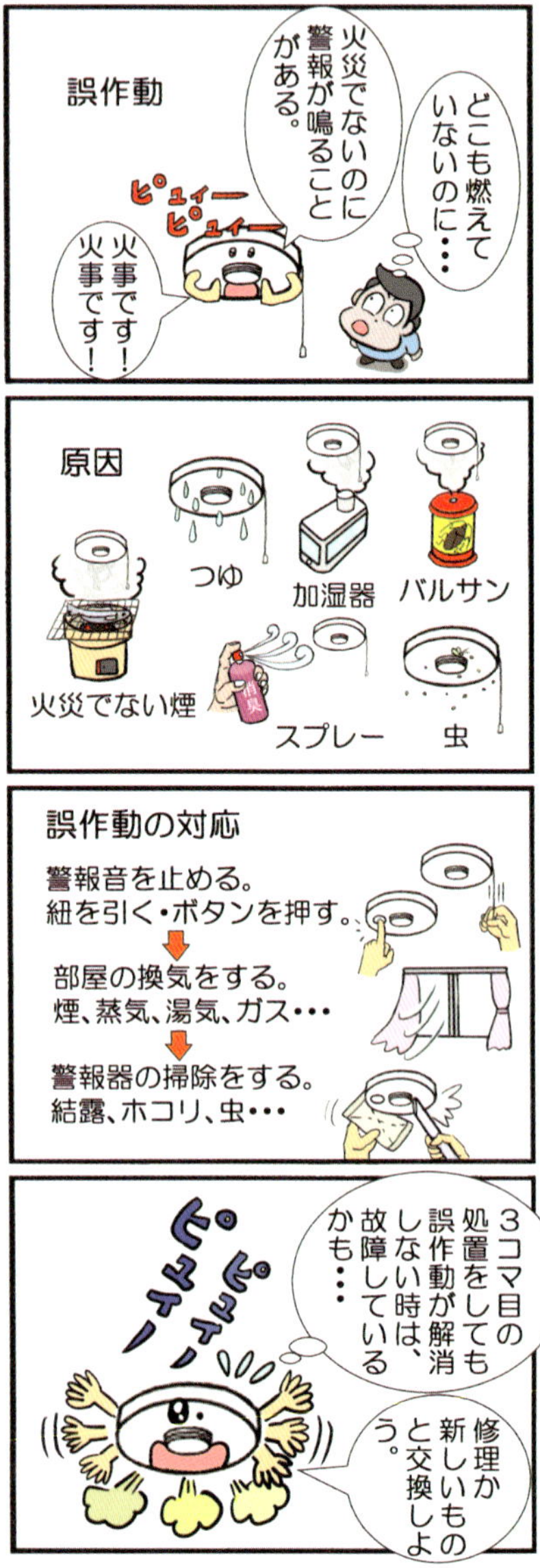
誤作動
どこも燃えていないのに・・・
火災でないのに警報が鳴ることがある。
ピュイー
ピュイー
火事です！火事です！
原因
つゆ
加湿器
バルサン
火災でない煙
消臭
スプレー
虫
誤作動の対応
警報音を止める。
紐を引く・ボタンを押す。
部屋の換気をする。
煙、蒸気、湯気、ガス・・・
警報器の掃除をする。
結露、ホコリ、虫・・・
3コマ目の処置をしても誤作動が解消しない時は、故障しているかも・・・
修理か新しいものと交換しよう。

住宅用火災警報器の3大誤作動

1 エアコン
送風によるチリやホコリによる煙感知器の誤作動。
設定温度が高すぎることによる熱感知器の誤作動。

2 雨漏りや結露
水が溜って光の乱反射を起こして煙感知器が誤作動。
水が電気を通すことで熱感知器が誤作動。

3 経年劣化
電池の寿命による警報音。
煙感知器は、10年熱感知器は、15年で新しい電池と交換しましょう。

ガス漏れ警報器とは、都市ガスやプロパンガスを感知して警報によって、その存在を居住者に知らせる装置です。

設置については、都市ガスを使用している場合は、義務ではありませんが、設置の推奨はされています。

プロパンガスを使用している場合は、3戸以上のマンションなどに義務づけられています。

設置場所については、都市ガスの場合、空気より軽く上部に溜るので、天井付近に設置します。プロパンガスの場合は、空気より重く下部に溜るので、床面付近に設置します。

ガス漏れ警報器

ガス漏れ警報器は、一酸化炭素中毒や爆発事故を防止するのよ。
ビー
臭っ…
警報器が鳴ったら・・・
窓を開けて換気。
ガスの元栓を閉める。
警報器が鳴り止まなければガス供給会社に連絡する。
換気扇は使用禁止。火花で爆発するぞ！
火気や火花を発生させるものの使用は厳禁。
バチッ
ガス濃度が爆発範囲の100分の1になると、警報器が鳴り出します。
ヒサカキ
まれに騒ぎになるんだ。
ヒサカキという花は、ガスと同じような香りを出します。（開花は10月〜2月）

【爆発範囲】
・プロパンガス 2.1〜9.5%
・都市ガス 5〜15%
警報器が鳴ったからって、すぐに爆発する訳ではありません。落ち着いて対応しましょう！

燃えにくい性質を防炎性能と言い、その性能を持つ物品を消防法では、「防炎物品」と言います。防炎物品の使用が義務づけられているのは、高層建築物・地下街・不特定多数の人が出入りする施設や建築物です。

種類は、カーテン・布製ブラインド・暗幕・じゅうたん・展示用合板・どん帳・舞台で使用する幕、大道具用の合板・工事用シートです。

防炎物品や防炎製品を見分けるには、その物品に4コマ目のような、タグが取り付けられているので確認すると分かります。

防炎品

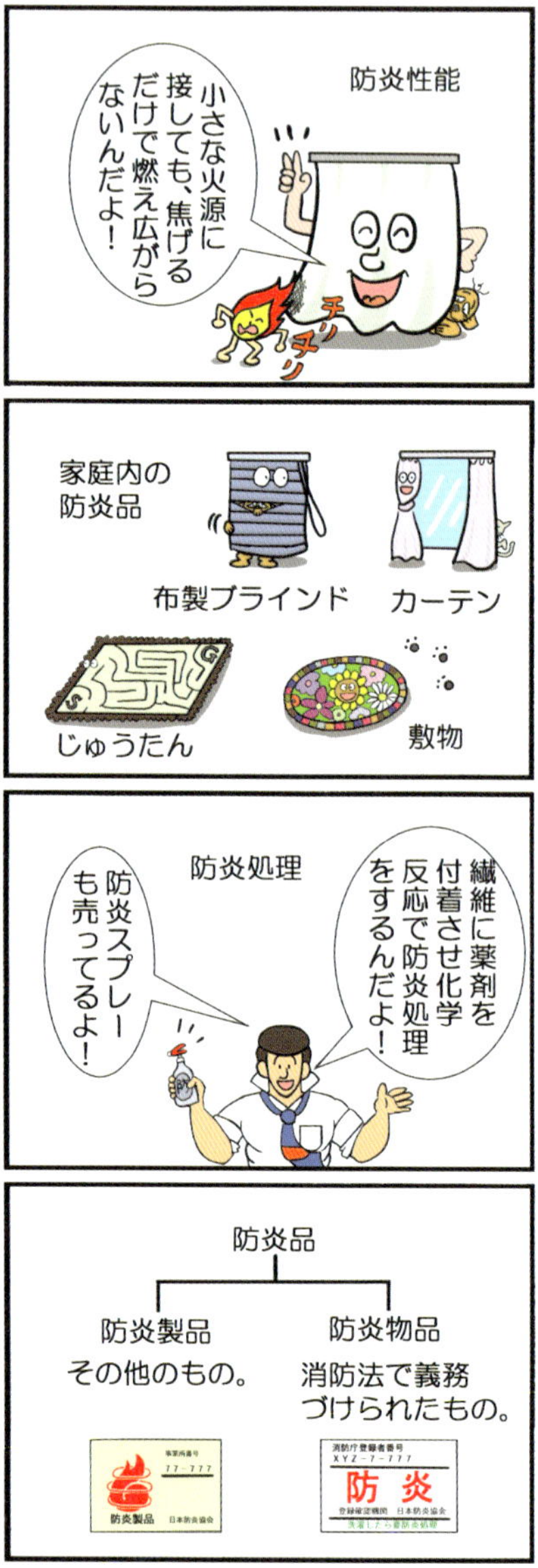
防炎性能
小さな火源に接しても、焦げるだけで燃え広がらないんだよ！
チリ
チリ
家庭内の防炎品
布製ブラインド
カーテン
じゅうたん
敷物
防炎処理
繊維に薬剤を付着させ化学反応で防炎処理をするんだよ！
防炎スプレーも売ってるよ！
防炎品
防炎製品
その他のもの。
防炎物品
消防法で義務づけられたもの。
防炎製品
防炎

防炎製品は燃えにくい製品ってことなのよ。

消火活動上必要な施設

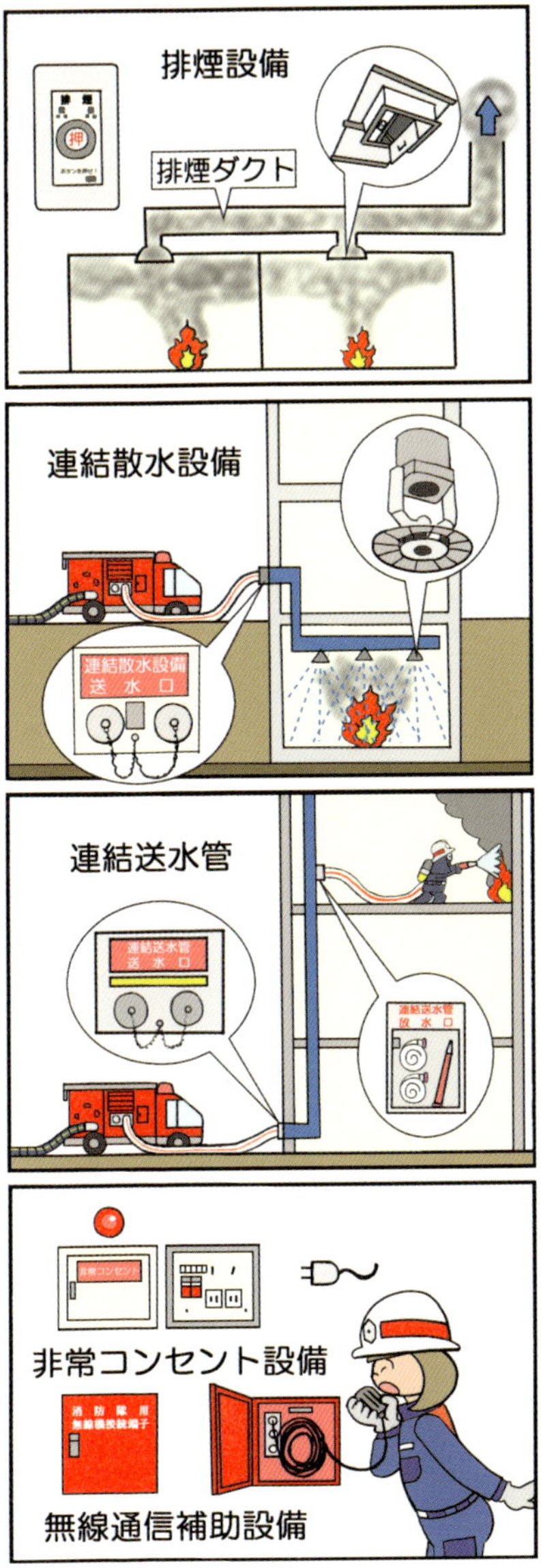
排煙設備
排煙ダクト
押
連結散水設備
連結散水設備
送水口
連結送水管
連結送水管
送水口
連結送水管
放水口
非常コンセント設備
消防隊用
無線機接続端子
無線通信補助設備

消火活動上必要な施設とは、建物の構造や形態などから火災の際の消防活動が困難になると予想される、高層建築物・地下街・地下階などに設置される施設です。

この施設は消防隊が使用することを想定して設置され、建物内の煙を排除する排煙設備、地下街や地下階の火災で外から水を送り散水ヘッドで放水する連結散水設備、高層建築物や地下街などの火災で、水を送る配管の役目をする連結送水管、火災の際の電源を確保する非常用コンセント設備、電波の届きにくい地下での無線通信を可能にする無線通信補助設備の5つあります。

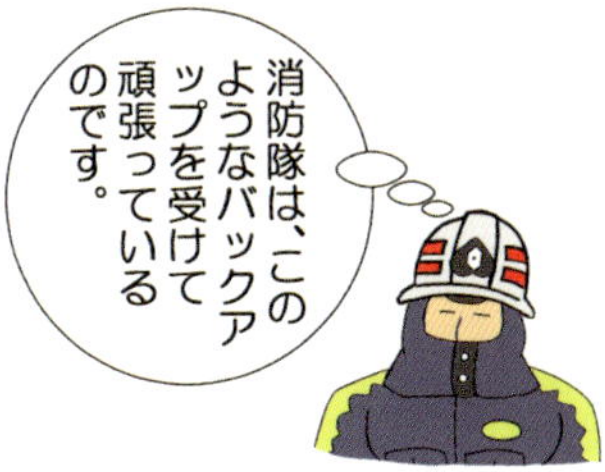
消防隊は、このようなバックアップを受けて頑張っているのです。

無窓階とは、消防法で「建築物の地上階のうち、避難上又は消火活動上有効な開口部を有しない階」と定義されています。

火災時の避難のしやすさや延焼の危険性は、開口部の大きさに大きく影響されます。開口部の少ない階は、煙が溜りやすく避難が困難になり、人命の危険が大きく、消火活動も困難になります。

このように開口部の少ない階を無窓階と呼び、消防設備の設置が強化されます。有効な開口部とは、内部から容易に避難できる構造で、大きさや高さなどに基準があって、良好な状態に維持管理されているもので、一定の広さの通路や空地に面したものを言います。

無窓階とは？

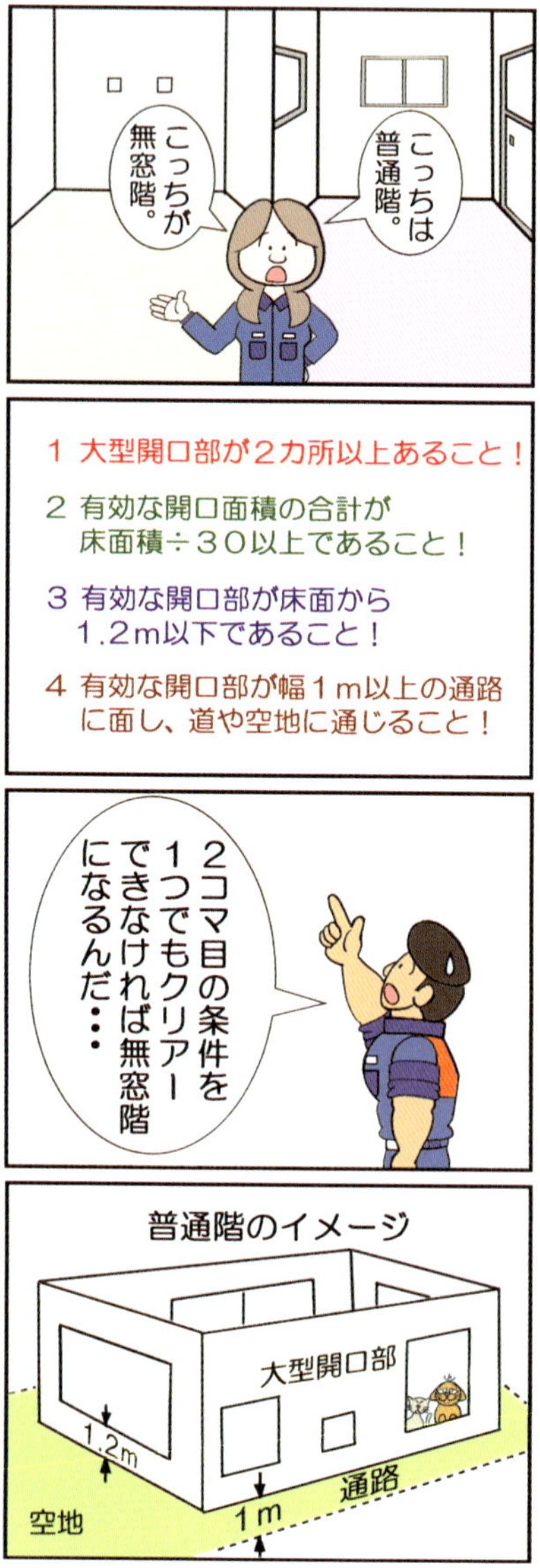
こっちは普通階。
こっちが無窓階。
1 大型開口部が２カ所以上あること！
2 有効な開口面積の合計が床面積÷３０以上であること！
3 有効な開口部が床面から1.2m以下であること！
4 有効な開口部が幅１ｍ以上の通路に面し、道や空地に通じること！
2コマ目の条件を1つでもクリアーできなければ無窓階になるんだ・・・
普通階のイメージ
大型開口部
1.2m
1ｍ
通路
空地

満足ビル
開口部を塞いでいる危険な建物があるので注意するのよ。

4コマの「おかしも」は、小学生への避難指導や防火教室などで、一般の人に分かりやすく説明するために、消防士が使うキーワードです。

このおかしもは、避難する際の要領を説明したもので、避難する人に向けてのキーワードなのです。

では、火災が発生した際に、避難させる人はどのような行動を取れば良いのでしょうか？　幼稚園や学校・デパート・病院など、子どもや高齢者のような火災弱者のいる建物・不特定多数の人が出入りする建物では、その施設や建物の職員や従業員・関係者が「避難誘導」をしなくてはいけません。

全員避難できたかも確認するのよ！

避難の基本

お・か・し・ものお。
押さない！
速く行けっ。
ドン
お・か・し・ものか。
かけない。
わ〜い いっそげ〜
ダダダダ
お・か・し・ものし。
しゃべらない。
ぺちゃくちゃ。
お・か・し・ものも。
戻らない。
忘れ物したよ〜。

避難のポイント

とにかく早く逃げる。
燃えている建物から出る。
煙は天井から覆ってきます。
鼻と口を塞ぎ低い姿勢で壁を触りながら。
煙を吸わないように。
火災は上へ燃え広がって行きます。
下へ逃げよう。
煙にまかれても出口が見えるなら走り抜けろ！
絶対に戻らない！
忘れ物をした〜
戻るんじゃない。
命より大切なものはないのよ！

安全な避難のために

もしものために、
家族で避難方法を
確認しておく。

2つ以上の逃げ道を
決めておく。

避難の妨げとなる
物を階段や廊下・
出入口に置かない。

慌てずに落ち着いて。

初期消火に失敗したら早く避難する。

逃げるときはドアを
閉める。

服装や持ち物にこだわらない。

姿勢を低く、ハンカチ
などで口と鼻を塞ぎ
煙を吸わないように
する。

絶対に戻らない！

避難は手探りが大切

神経を集中！
手で感じろ！
感覚を研ぎ澄ませ！
障害物を足で感じろ！
ガシャン
煙を排除しろ！
見えない感じない・・・
暗闇を進む感覚・・・

火災の際、視界の効かない煙の中をどのように避難しますか？ まずは、壁に手を触れながら壁伝いに低い姿勢で、一定の方向に避難します。

壁の感触や温度、たたいて音を出し、触っているモノが何なのかを確認するなど、状況を判断しながら避難します。ドアノブや鍵、窓の位置が確認できれば開放して、脱出したり排煙をすることができます。

足を使って床の状態や障害物を探ることで転倒防止をしましょう。棒などを使用することで探る範囲を広くすることができますし、窓ガラスを破壊することも考えておきましょう。一度目をつむって手探りでの避難訓練をやってみてください、手足の感覚の大切さが分かると思います。

スイカ割りの感覚バゥ。

「適マーク制度」と言うものがあります。

宿泊施設の申請で、消防署が審査した結果、消防法令のほか重要な建築構造などに関する基準に適合していると認められた建物に「適マーク」を交付することで、宿泊施設の安全・安心に関する情報を利用者に提供する制度です。

この制度は1982年に発生したホテルニュージャパンの火災がきっかけです。

旅行先での避難

旅行先など知らない所に行ったら避難経路の確認を！
2方向避難を考えておこう。
1方向。
2方向。
非常口、避難誘導灯、非常階段、避難器具などを確認。
避難のためのアイテムだ！
避難器具
避難はしご
消火器、非常ベル、屋内消火栓など・・
消火のためのアイテムだ！
消火器
屋内消火栓
忘れ物のないように、荷物をまとめておく。
いつでも、迅速に避難できるように。
そして、戻らないように。

適マークには金と銀があります！

適
適

（銀）　（金）

- 基準に適合していると認められれば銀。
- 3年間継続して基準に適合していれば金。

大きなホテルなどの入口やロビーなどを探してみよう！

避難訓練

避難訓練の内容
訓練の3本柱です！
1 通報訓練
2 初期消火訓練
3 避難訓練
119番に通報！
あわてないようにメモをしておくのよ。
通報内容
出火箇所
住所
目標
電話番号
・・・
初期消火！
ピノキオだったかな・・・
消火器の取り扱い訓練だよ。
プシー
消火器
安全な場所へ避難する！
あらため避難する場所を決めておくといいですね！
うちは、家の前の駐車場に避難だ！

避難訓練マニュアル

訓練開始

↓

火災発生
「火事だー！」

↓

出火場所の確認
（消火器を持って）

↓

初期消火
119番通報
避難誘導

↓

避難終了

↓

人員の確認

↓

訓練終了

↓

事後検証

煙とは、可燃物が燃えるときに発生した、すすや水蒸気、一酸化炭素などが、大気中に放出されたものです。

可燃物が完全燃焼すれば煙が出ないのが理屈ですが、実際には不完全燃焼を起こし、煙が発生するのが普通です。

火災で発生した煙は、熱せられているため上昇して行きます。また、煙の中に含まれる一酸化炭素などの有毒な物質を吸うと、1コマ目のように非常に危険な状況に陥ります。

2コマ目のように視界が悪くなるということは、煙の中の不純物も多くなるということで、危険性が増すということです。

煙

吸うな！
一酸化炭素中毒になる。
動けなくなる。
焼け死ぬ。
煙の量が2倍なると・・・
視界は4倍悪くなる。
視界の悪さは煙の量の2乗に比例する。
煙たいし・・・
目にしみる。
煙の速さ
横方向 1m/秒（歩く速さ）
縦方向 5m/秒（駆け足の速さ）
余裕で逃げきれるぞ！
逃げきれないよ～
熱い！
火災の熱で熱くなっている！
気道や肺を火傷する。
気道熱傷になる。
ヴェ～

火災の煙には、シアン化水素や亜硫酸ガスといった有毒ガスが含まれているわよ。

私達が目にする煙の色は、「黒」「青」「白」の3色が代表的な色です。

「黒」い煙は、不完全燃焼を起こし、すすが混じった色で油やゴム・プラスチック類などが燃えると発生するタイプです。

「青」い煙は、目に見えない程度の小さな粒子が、光に乱反射した煙です。たばこの煙がこのタイプに近い煙です。

「白」い煙は、ほとんどが水蒸気で、含まれる有害物質の量も少ないのです。危険なのは、「黒」い煙だと分かりますね。

煙の色

白
空気の供給量が十分な状態
水蒸気が多く含まれる
不純物が少ないんだ。
黒
空気の供給量が不十分な状態
すすが多く含まれる
不純物が多いんだ。
黄
可燃性ガスが充満している状態
フラッシュオーバーの前兆
気をつけろ!
もうすぐいくよ~
完全燃焼
完全燃焼に近づくほど煙の色は薄くなる。
不完全燃焼
すすの量だね!

黄
木造建物や木製の家具などがくすぶると黄色い煙が発生するのだ。

なぜ、避難誘導灯や非常用照明は、壁の低い位置に設置されているのでしょうか？

火災により温められた煙は上から下へと下がってきます。そのため避難の際は姿勢を低くして、煙を吸わないようにしなければなりません。

このときに最後まで**視界が残る低い位置**に設置されているのです。

煙を吸わない方法として、**ハンカチや服で口と鼻を覆う・マスク**をする**ビニール袋**に新鮮な空気を入れて、**被ったり口と鼻を覆う**などの方法が考えられます。また、階段を降りるときは後ろ向きに降りると、煙を吸わない低い姿勢を維持しやすくなります。

煙を吸わないために

避難誘導灯・非常用照明よし！
ハンカチ
マスク
ビニール袋
ブロ～ン
ビニール袋は透明でないと…
見えませ～ん
オロ
オロ
オロ

消防隊は空気呼吸器を使用して呼吸の確保をするんだ。

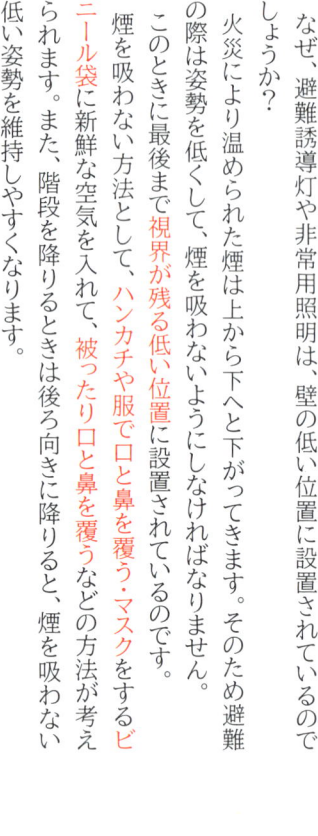

火

酸化とは、物質が酸素と化合し水素を失うことなの！
水素
酸素
火
電子
物質
化学反応の強さで色が変わるのよ。
1800℃
3000℃
5000℃
12000℃
16000℃
炎色反応って言うのよ！
リチウム
ナトリウム
カリウム
銅
カルシュウム
ストロンチゥム
バリウム
ドーン
ドーン
ヒュ〜
たまや〜

火とは、物質の化学反応（急激な酸化）により、物質の原子が激しく動き回ることで熱や光を発生させている状態です。化学反応が強いほど原子の動きが激しくなり、その摩擦で温度が上昇し輝きを増すのです。

火の色は燃える温度が高くなるにつれて、赤・黄・白・水色・青と変化して行きます。燃える温度が低いと不完全燃焼を起こし、煤などの不純物が多く含まれ、高いほど完全燃焼に近づくため、不純物が少なくなるからです。完全燃焼すれば不純物がなくなるため、色は透明になるのです。

また、燃えるものが違うことでも火の色は変わります。例えば銅だと緑、リチュウムだとピンク、スズだと青白など様々です。この原理を使ったのが花火なのです。

人類が火を手に入れたのは少なくとも50万年前だと言われています。

悪徳訪問販売を撃退するには、「訪問販売お断り」の張り紙を玄関先などに貼る。「特定商取引法」で定める契約をしない。監視カメラやカメラ付インターホンを取り付けるだけで、撃退効果が上がります。

居座りや脅しなどがあれば恐喝として、録音や録画映像を証拠として提出することができます。

また、1コマ目のように、消防署は訪問販売はしませんし、地方公務員法でそのようなことは違法行為として禁止されています。販売業者や販売会社などの紹介もしません。

そして、一般の家庭では、消火器の設置義務はありません。

消火器の訪問販売詐欺

消防署に頼まれたとか言って・・・
消防署の方から来ました。
本当に消防署の人なの？
あやしいな～
不安をあおり・・・
消火器を置かないと違反ですよ～
え～っそうなんですか。
知らなかった・・・
高額な代金を請求する。
ズバリ！9万円です。
そんなに高いの・・・
消火器は1万円あれば、おつりがきます。
対策
・家の中に入れない。
・はっきりと断る。
・身分証明書の提示を求める。
・警察へ通報する。
知り合いの業者に頼みますから。

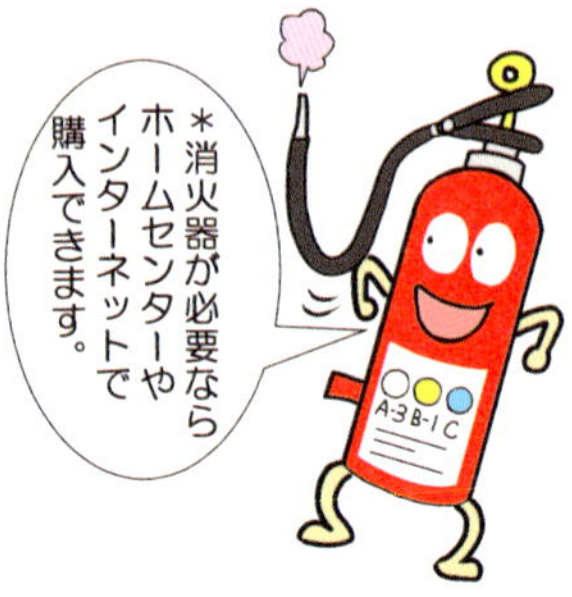
＊消火器が必要ならホームセンターやインターネットで購入できます。
A-3B-1C

住宅用火災警報器の訪問販売詐欺

実在する業者の名を使ったり…
〇〇消防設備です。
あっ、知ってるわよ。
信用させたり…
法律で設置が義務付けられています。
それも知ってるわよ。
法律がどうのこうのと、難しいことを言い…
設置完了です！
これで安心です。
助かりました。
懇切丁寧に…
設置手数料8万円です。
え〜っそんなに〜
最後にぼったくるのです。

悪徳訪問販売の典型的な手口

かたり商法
消防署の方から来ましたなど、微妙な語り口で近づく。

点検商法
点検などと言って必要の無いものを売りつける。

つぎつぎ販売
親切心を装って次々と売りつける。

送りつけ商法
一方的に商品を送りつけて、代金を請求してくる。

知っておこう！
- 住宅用火災警報器の価格は数千円。
- 必要個数は数個。
- ホームセンターやネットで購入できます。
- 取り付け方法は２本のネジで固定するだけ。
- 電池で作動。
- 分からないことは最寄りの消防署へ問い合わせましょう。

火災

ものが燃えるということは、1コマ目のような可燃物（燃えるもの）と3コマ目のように酸素が、4コマ目のような熱源から熱をもらうことで、高速で高温な熱反応により、燃えるものと酸素の化学反応を起こし、その化学エネルギーが熱エネルギーと光エネルギーに変換されることです。

この、ものが燃えるという化学的な現象が連鎖して行くと、燃え続けるという現象が起こり、私達の生活を快適にしてくれるのです。しかし、火災という恐ろしい現象をも発生させるのです・・・火の用心。

火災の3要素

3要素のうち1つでも欠けると、燃焼は起りません。
可燃物
燃焼
O^2
酸素
熱源
可燃物とは？
燃えるものであればなんでも！
ガソリン
木材
紙
プラスチック
ガス
酸素
可燃物の中の酸素。
空気中の酸素は、何％ですか？
酸化剤の中の酸素。
空気の中の酸素
21%
酸素
熱源
熱源がないと生活できない・・・
・コンロ
・たばこ
・ライター
・マッチ
・電気火花
・静電気
・太陽光
・雷・・・

ドーン
爆発も燃焼も3要素がないと発生しないのよ。

爆発も火災なのです。

火災とは？

人の意図に反し発生し、
若しくは拡大し、
又は放火により発生。
火災の原因を本人が自覚していなかったら？
常識ある者であれば判断がつくから火災。
消火の必要性のある
燃焼現象。
小さい火はいいでしょっ？
放置すると延焼拡大するから火災！
消火のため、消火施設又は
これと同程度の効果のある
ものの利用を必要とする。
床が濡れていて勝手に消えたからいいでしょ？
床が乾いていたら火災！
又は、人の意図に反し発生し
若しくは、拡大した爆発現象。
パン
風船が爆発した～
爆発は急速な化学反応を伴うもの。それは物理的な破裂。

火災の種類

A火災（普通火災）
B火災（油火災）
C火災（電気火災）
D火災（金属火災）

火災の種別

建物火災
車両火災
船舶火災
航空機火災
林野火災
その他の火災

焼損程度

全焼
半焼
部分焼
ぼや

損害区分

全損
大半損
小半損
一部損
支払われる保険金
が決まっています

火災への対応の第一歩は、火災とはどのようなものなのか？　なぜ燃えるのか？　その仕組みと消火方法や、火災の発生を防止する方法を知ることです。

また、1コマ目のように火災の発生原因を見れば誰でも気がつくと思いますが、そのほとんどが人間が原因であることは、間違いのない事実なのです（猫でも気がついていますね！）。

火災への対応の前にやらなければならないことは、人間である私たちが「火の用心」を心がけることです。火を使うことができるのは人間だけなのですから・・・

火災への対応
火災の原因ワースト５
１ 放火
２ たばこ
３ コンロ
４ たき火
５ 火遊び
アキャー！
これはひどい。全部人間の仕業だニ～
家庭でできる火災予防・３つの習慣
寝たばこをしない。
ストーブの近くに燃えやすいものを置かない。
off
コンロから離れるときは火を消す。
４つの対策
住宅用消火器を設置する。
防炎
消火器
カーテン、寝具などは、防炎物品を使用する。
住宅用火災警報器を設置する。
近所との協力体制をつくる。
家庭でできる消火方法
水バケツ
手ではたく
消火器
水道ホース
踏み消す
住宅用消火器
土や砂をかける
濡れタオル

とにかく早く！
初期消火の３原則
１ 早く知らせる。
２ 早く消す。
３ 早く逃げる。

消火方法には、4コマのようにいろいろな方法がありますが、1～3コマ目の消火方法については、私達でもできる方法ですね。その中でも一番の方法は、1コマ目の冷却消火です。水をかけて熱を奪い消火することです。太古の昔から自然発生した山火事を、雨が降ることで自然消火してきたように、火には水なのです。

しかし、現代においては、安易に水をかけると化学反応を起し熱を発生させ、火災を助長したり爆発を起したりする、危険な物質が存在するので注意が必要です。

- 水はどこにでもある
- 水は無害
- 水はコストが安い
- 水は吸熱効果が高い
- 水は窒息効果が高い

水は消火の優等生なのよ。

消火方法

冷却消火
熱を奪うのです。
水をかけて冷やす。
窒息消火
酸素を遮断するのです。
粉末・泡消火器で覆う。
キャンドルキャップをかぶせる。
砂や土をかけるニ～。
除去消火
ガスの元栓を閉める。
破壊消防だニ～。
燃えているものを取り除く。
フギャー!
抑制消火
燃焼反応を化学的に抑制。
ハロゲン化物消火設備を使用するニ～。
負触媒効果です。
ハロン
ハロン

バケツリレーのポイントは、1コマ目のように、人を集めることです。人とバケツは多いほど良いのです。

2コマ目のように必要な水を確保しましょう。水槽・水道・池などの水を確保すると良いでしょう。

3コマ目のように、1mくらいの間隔で、水源から火点までの間を最短距離で並びましょう。

4コマ目のように、みんなで協力してバケツにくんだ水を、手渡ししてバケツリレーを行います。バケツにくむ水の量は60％程度が効率的です。

バケツリレー

みんな～あつまれ～
水よし！
並んでニ～
バケツリレー開始。

バケツリレーは、消火訓練を通じて地域のコミュニケーションづくりを期待するものなのよ！
＊大きな火を消すのは難しい。火が小さいうちに迅速に消すのよ。

延焼危険

街区の延焼危険
どこが危険か分かるかニ～
背面
側面
側面
前面
【危険度】
裏
横
表
隣接建物への延焼危険距離
2階5m　1階3m
2階が危険だニ～
5m
3m
飛び火警戒
飛び火警戒をしないと。
山林火災
延焼被害を防止しないと。
木や草を刈って防火帯をつくります。
防火帯
10m

街区における延焼危険については、背面・側面・前面の順番で危険です。隣接建物における延焼危険については、1階より2階の方が危険です。飛び火における延焼危険については、風下で飛び火（火の粉）の大きさが大きい火点（火災の場所）からの距離が近いほど危険です。山林火災における延焼危険については、防火帯の幅が狭く、山の傾斜がきついほど危険です。さらに、風の方向から風下・風横・風上の順番に、高低差から低いところより高いところ・気象状況から湿度が低く乾燥しているほど、延焼しやすいのです。

山林火災は、気温が上昇し空気が乾燥する4～5月に多いのよ。

１１９番通報で消防隊に必要な情報は、「正確な情報」です。あわててしまい、一方的に「はやく来て！」と叫んで電話を切ってしまう通報者もまれにいます。せめて場所だけでも分かれば、消防車を出動させることができるのですが・・・消防車が火災現場に到着しなくては、どうしようもありません。あわてずに落ち着いて具体的に通報しましょう。「あ・お・ぐ」と覚えておきましょう！

また、現場での必要な情報としては、逃げ遅れや行方不明者などの人命の危険と、どこで・なにが・どのように燃えているのかなどの延焼危険です。

公衆電話の使い方も確認しておこう！

火災の通報

あわてず・はっきり・正確に。
１１９番へ通報する。
もしもし・・・
火事ですか？救急ですか？
まずは、火事であることを伝える。
火事です。
火事の住所を教えてください。
住所が分かれば出動指令をかける！
〇町３番３号です。
何が燃えていますか？
聞かれたことに答えれば良いのです。
家が燃えています。
分かりました消防車が向かいます。

火災現場で最優先すべきことは、人の命を助けることです。

次に火が燃え拡がるのを防ぐことです。小さな火であれば、消防隊が家の中に入って一挙に消すことができますが、そのためには消防隊が必要な正確な情報がないと困ります。

燃えているものや場所・家の中の間取り・ガスや燃料などの危険要因などの情報を具体的に消防隊に提供してください。

また、消防車や消防隊の誘導を行い、初期消火・通報・避難の状況報告も合わせて行いましょう。

火災時の情報提供

人命救助が最優先。
逃げ遅れは、いますか?
台所に1人います。
延焼の危険
延焼の危険は?
隣りの家に燃え移りそうです。
火災の鎮圧
どこが燃えていますか?
台所のコンロです。
消火活動情報
進入経路、活動障害、建物概要・・・
台所は玄関を入って左です。

こちらは○○消防署です。火災の情報をお持ちの方は提供をお願いします。

＊情報収集する消防隊も組織されているのです。

放火は放火の疑いを含めて、火災原因の統計で、常にワースト1なのです。2位のたばこの投げ捨てについても、ある意味放火として捉えることができるのではないかと思います。

また、原因が不明のものについても、放火の可能性が隠れているのではないかと思います。放火を防ぐことができれば、火災件数の25％を減らすことができます。しかし、放火がなくなることはありません。それは、人間が放火するからです。人間は太古の昔に火を手に入れて、火をコントロールし豊かな生活を手に入れて来たのですが、放火という誤った使い方も覚えてしまったのです。

放火

火を見ると興奮するぜ！
狙われやすいポイント
①暗い場所
②郵便ポスト
③人目のつかない路地裏など。
④物置、車庫、空き家など。
⑤自動販売機、広告など。
⑥ゴミ置き場。
① ② ③ ④ ⑥ ⑤
火の用心です！
対策
①家の周りを明るくする。
②新聞や郵便物を貯めない。
③家の周りに燃えやすいものを置かない。
④物置、車庫、空き家などは鍵をかける。
⑤ゴミ収集日の時間を守り夜に出さない。
⑥監視カメラを設置する。
火の用心
チャキチャキ
① ② ③ ⑥ ④ ⑤

放火に使う火源はライターがトップなのよ。

たばこ火災

事例
消し忘れじゃ。
ポイ捨てじゃ。
寝たばこじゃ。
ポ〜イ
火種の温度
周辺温度約３００度。
中心温度約８００度
フ〜
たばこ火災の特徴
火種が小さい。
可燃物に触れてもすぐに炎は上がらない。
じわじわと無煙延焼をする。
忘れた頃に火災になる。
万が一のために
灰皿を準備して周りを整理整頓する。
寝具や衣類は防炎品使う。
防炎
灰皿は大きく深いものを使用し、水を入れておく。
ゴミ箱にたばこを捨てない。

たばこ火災に至るまで

たばこの販売本数年間約２５００億

↓

たばこを購入

↓

たばこを吸う

↓

不適切な取り扱い
ポイ捨て・消し忘れ・寝たばこ・・・

↓

火種が可燃物に接触

↓

出火

↓

火災発生
たばこ約５０００万本に１件の火災

↓

発見
１１９番通報
消火

↓

火災原因調査
たばこ火災と判明

コンロ火災

原因
•消し忘れた。
•使用中にその場を離れた。
•使用後の油処理のため、過熱したままその場を離れた。
日頃の予防対策が大切です。
予防
•コンロの清掃。
•安全装置付ガスコンロの使用。
•コンロの周りを整理整頓。
•住宅用火災警報器の設置。
油
コンロの周りに燃えるものを置かない。
燃え広がらないようにする。
油
小麦
調理油過熱防止装置。
消し忘れ消火装置。
立ち消え安全装置。
これをｉｓセンサーと言います。

３つの安全装置

1 調理油過熱防止装置
鍋の底が一定の温度以上になると作動し、油の発火を防ぎます。

2 消し忘れ消火装置
火を消し忘れても自動消火して、鍋の空焚きや火災を防ぎます。

3 立ち消え安全装置
煮こぼれや風などで火が消えたら、自動でガスを止めます。

平成20年10月以降に販売された全てのコンロには、3つの安全装置が標準装備されているのよ！

消火器具を使用して消火する際は、油火災に対応できる消火器を使用しましょう。あわてて水消火器などを使用すると、3コマ目と同じ危険な状況になってしまいます。

また、消火器を火元に近づけすぎると、噴射の勢いで油や火が飛び散ってしまい消火に失敗したり、火傷したりする可能性があります。適切な距離を保って消火しましょう。適切な距離の目安は4〜5mです。

消火のコツは消火器の粉末で、燃えている火面全体を覆うようにして消火することです。そして、爆発的な燃焼に備えて、いつでも逃げることができるようにしておいてください。

天ぷら油火災の消火方法

火災が発生するまで・・・
コンロに火を点けて
・5分で１８０度
・１３分で２７０度
・２３分で３６０度
適温
白煙と異臭
発火
窒息消火！

フタをかぶせる。

手を火傷しないように隠す。

濡れタオルをかぶせる。

箸などを利用する。

コンロのスイッチを切る。

ガスの元栓を止める。

燃えている油には水をかけない！

爆発的に燃え広がるぞ〜

マヨネーズで消火！

マヨネーズは油です。水のような危険はありませんが、消火性能があるわけではありません。

油がはねたりオーバーフローのリスクがあります。適切な消火方法で！

油火災に対応できる消火器はBだよ。
消火器
B-1

「火災とまぎらわしい煙又は火炎を発するおそれのある行為の届け出」というものがあります。一般的には、出煙届けなどと呼ばれています。対象となる行為には、たき火・野焼き・雑草の焼却・どんど焼きなどが該当します。

また、煙を発生させる殺虫剤の使用や大量の玩具用花火の使用なども該当します。

これらの行為は、火災予防上の危険や誤認による通報で、消防活動に支障を生じないように、消防署が予め把握しておく手段として届け出をしてもらうのです。

たき火火災

こんなときはたき火をしない。
・風の強い日
・空気が乾燥しているとき
・火災警報発令中・・・
アキャキャキャ
火の粉が飛んでくる～
消防署への届け出をしましょう。
必ず消火の準備をしましょう！
消火
消火器
絶対にその場を離れない。
みんな暇人なのよね。
一家揃って火の番です。
消火器
再燃に注意！確実に消火しましょう。
ヤー
シュ～
消火器

たき火中にどこに行くんだ～
離れてはダメだよ。

火遊びとは、「義務教育以下の児童が、これといった目的もなく、火をもて遊び誤って可燃物に着火させること」と消防機関では定義されています。子どもは、大人の目の届かない所で火遊びをします。本能的には悪いことだと感じているのでしょうか・・・

火遊びの成立条件は、行為者が子どもであること、その子どもが「まさか火事になるとは思っていないこと」です。たとえ子どもであっても、「火事になると分かっていて火をつけた」のであれば放火なのです。

火遊びと放火は紙一重であって、どちらも人間が行う人の命を奪う危険な行為であることには変わりありません。

子どもの火遊び

火遊びに使用するもの・・・
ライター
マッチ
ローソク
火の付いた紙
コンロ
花火
火遊びの防止
•ライターなどは子どもの手の届く所に置かない。
•子どもに火を使わせない。
•子どもだけ残して外出しない。
•火遊びを見つけたら注意する。
火遊びはダメです。
子どもは大人のまねをする。
火遊びをしてしまった子どもを叱る前に・・・
火遊びをしない環境をつくる。
火遊びをしないように躾ける。
火遊びはダメ!
安全な花火のポイント
•風の強いときはしない。
•広く安全な場所でする。
•子どもだけでしない。
•説明書をよく読み注意事項を守る。
•水バケツを用意して花火を確実に消す。

火は熱いのよ。火遊びはダメなのよ!

ストーブ火災

ストーブの周りに燃えるものを置かない。
ストーブの近くで暴れたり寝たりしない。
ガシャ
ストーブの近くでスプレーを噴射したり、置いたりしない。
プシュー
ストーブを点けたまま給油をしない。
スイッチを必ず切って給油しましょう！

安全装置

ストーブに異常が発生したら、自動的に停止する機能です。

立ち消え安全装置
不完全燃焼防止装置
転倒時消火装置
点火安全装置
燃焼制限装置
停電安全装置
過熱防止装置
逆圧安全装置
対震自動消火装置
室内空気監視装置

機器の種類によっていろいろな安全装置が付いているので、使用する前に必ず説明書を読もう！

電気配線火災

たこ足配線だニ〜
許容電流値を超え発熱し火災になる。
配線を束ねて使用するニ〜
発熱して火災になるバゥ。
配線が折れ曲がっているニ〜。
配線が家具の下敷きになる。
断線したりショートして火災になる。
バチバチ
ボッ!
手よりで配線を接続だニ〜
接続部の抵抗が大きくなるバゥ。
バチ
バチ
発熱して火災になる。

電気配線火災の予防

1 たこ足配線はしない

2 配線を束ねて使用しない

3 配線の上に物を置かない

4 手より配線はしない

5 傷んだ配線は使用しない

6 コンセントの付近にホコリを溜めない

スプレー缶の中には、スプレーを噴射させるために、圧縮されたガスが詰められています。なかには、可燃性ガスが使用されているものがあるため、使用する際は使用方法をよく読んで、周囲の火気に注意して使用しましょう。

スプレー缶に使用されているガスには、プロパンガス・ブタンガス・ジメチルエーテルなどの可燃性ガスがあります。これらの可燃性ガスはスプレー缶の中では、液体になっています。スプレーを使用することでスプレー管内の圧力が下がると、それを補うように液体ガスが気体になることで、高い圧力が一定に保たれる仕組みです。

スプレー缶火災

パーツクリーナー。
消臭剤。
可燃性ガスが使用されていることもあるのよ。
整髪剤。
殺虫剤。
火気の近くでスプレーを使用すると引火するぞ。
プシー
ぎゃ〜
臭いなぁ。
カチッ
プシー
換気の悪い場所でガス抜きをして・・・
ガスが充満する。
換気扇をつけて・・・
たばこに火を点けて・・・
火花で爆発。
コンロを並べて使用したためボンベが加熱して引火。
ドーン
コンロと合わないボンベを使用したためガスが漏れて引火。
ドーン
プシー

プシー
スプレーは使い切りましょう。
S

着衣着火が発生するときに起こる現象で、「表面フラッシュ」という現象があります。衣服の表面に綿やレーヨンなどの素材で、毛羽立ったものや、生地の表面が起毛しているものは、生地に空気を含んで、燃えやすい状態になっています。

この状態のときに発生しやすい現象で、小さな火が触れるだけで、簡単に着火してしまい、衣服の表面に一気に火が走り、全身が火で覆われてしまいます。

特に高齢者は、判断力や感覚機能の低下や視力の低下で、火に気付きにくくなっているので、注意をしないといけません。

着衣着火

原因
ロウソク。
調理中。
たき火。
花火。
喫煙。
着衣着火の対処法
走り回らない。
はたき消す。
水をかける。
服を脱ぐ。
S・D・Rだニ〜
ゴロ
ゴロ
ゴロ
S ストップ 止まって。
D ドロップ 倒れて。
R ロール 転がる。
着衣着火しやすい服装
化学繊維などの服。
起毛や毛羽立つ服。
裾や袖の広がった服。
ビロ〜ン
服じゃないニャ〜
モフ
モフ

着衣着火で毎年約100人が亡くなっているんだニ〜

通電火災とは、電化製品を使用中に停電になり、電化製品を使用状態にしたまま忘れてしまい放置することで、電気が復旧することで火災に至ることです。

１９９５年に発生した阪神淡路大震災や、２０１１年に発生した東日本大震災では、発生した火災の多くが通電火災でした。

原因は、通常の電化製品の放置とは違い、地震により故障した電化製品や、破損した電気系統などから出火したことです。

地震発生→家電製品や電気系統などの故障や破損→停電→避難→停電復旧→火災発生というパターンでした。

通電火災

EX.アイロンを使用中に停電
パヌッ
おろろっ、停電かっ？
放置して忘れる
ブレーカーは大丈夫かな？
停電復旧、通電開始
パチッ
大変だ～
ブスブス
火災発生！
逃げろ～
ボ～ッ

地震が収まったからと油断してはいけないのです！

ペットによる火災を未然に防ぐには、外出するときは、ペットをゲージの中に入れておく・電気コンセントを抜いておく・鍵をかけておく・ガスの元栓を閉めておく・電気製品のプラグを抜いておく・リモコンを出しっぱなしにしない・ストーブ、ガスコンロなどの周りに燃えるものを放置しない・バッテリーパックや電池など、ペットが噛んだり落としたりするものは、保管場所に入れておく・害虫や小動物が家の中や製品に侵入しないように対策をしましょう。

とにかく火災の要因となるものを排除することです。

動物火災

猫がストーブの点火スイッチに触れた
カチッ
ストーブが加熱するニ～
プラグを抜いておく。
犬がおしっこをコンセントにかけた
通電してショートするバゥ。
シ～
ボン
躾ける。ゲージに入れる。
ネズミが電気コードをかじった
断線してショートするチュ～
バババ
チチチ
ガリガリ
小動物や虫が入ってこないように注意する。
ゴキブリがエアコンの中に侵入した
基板に接触してビビビビビッ。
ボン
清潔、清掃をしよう！

人間の寝静まった夜中が注意です。

伝導過熱火災は、「忍び寄る恐怖」と言われています。その理由は、いつ発火して火災に至るのかが分からない・火災が一度発生したら、壁の中を広い範囲で燃え広がる・壁の中が燃えているので、発見するまでに時間がかかり、発見したときには既に、壁の中で木材が熱分解し、大量の可燃性ガスを充満させ、区画を越えて燃え広がっている危険性があるからです。

木材の発火温度は１６０度以上ですが炭化することで１００度程度の熱が加わるだけで発火してしまいます。

この現象を「低温着火」と言います。

伝導過熱火災

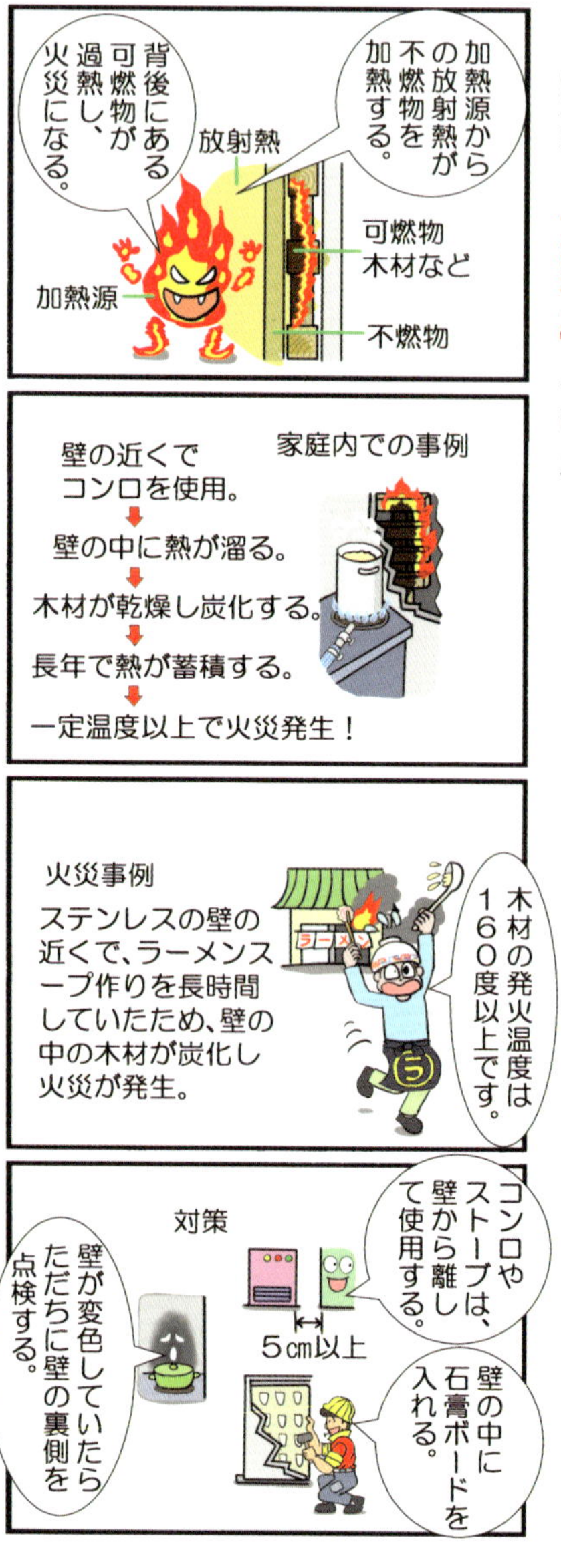

加熱源からの放射熱が不燃物を加熱する。
背後にある可燃物が過熱し、火災になる。
放射熱
可燃物木材など
不燃物
加熱源
家庭内での事例
壁の近くでコンロを使用。
壁の中に熱が溜る。
木材が乾燥し炭化する。
長年で熱が蓄積する。
一定温度以上で火災発生！
火災事例
ステンレスの壁の近くで、ラーメンスープ作りを長時間していたため、壁の中の木材が炭化し火災が発生。
ラーメン
木材の発火温度は１６０度以上です。
対策
コンロやストーブは、壁から離して使用する。
５㎝以上
壁の中に石膏ボードを入れる。
壁が変色していたらただちに壁の裏側を点検する。

ガスコンロの油カスにも着火するので注意するのよ。こまめな清掃を！

危険物とは、消防法で定められた特性や危険性により、等級に応じて法令で区分されている物質です。

私達の身近では、ガソリン・灯油・アルコールなどが一般的です。

特にガソリンは危険性が高いため、取り扱いについては注意が必要です。

安全に使用するためには、性能試験をクリアした金属製の容器を使用しなければなりません。

身近な危険物事故

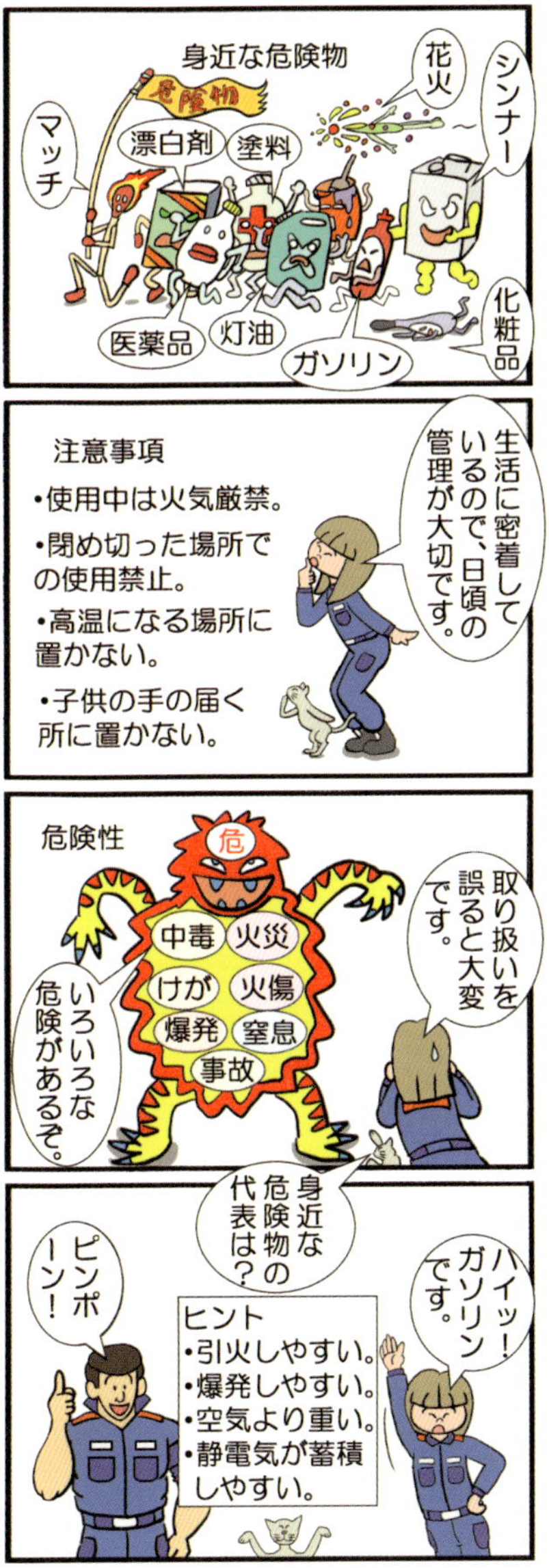

身近な危険物
危険物
シンナー
花火
塗料
漂白剤
マッチ
化粧品
ガソリン
灯油
医薬品
生活に密着しているので、日頃の管理が大切です。
注意事項
・使用中は火気厳禁。
・閉め切った場所での使用禁止。
・高温になる場所に置かない。
・子供の手の届く所に置かない。
危険性
取り扱いを誤ると大変です。
危
中毒
火災
けが
火傷
爆発
窒息
事故
いろいろな危険があるぞ。
身近な危険物の代表は？
ハイッ！ガソリンです。
ピンポーン！
ヒント
・引火しやすい。
・爆発しやすい。
・空気より重い。
・静電気が蓄積しやすい。

性能試験をクリアした容器の表示

試験確認済証
1.0−250
BOOX
危険物保安技術協会
型式試験確認済証
危険等級Ⅲ
あ0000249
2008年～2009年交付
危険物保安技術協会
推奨

ガソリンの引火点（熱火源が触れることで燃え始める温度）は、マイナス40度以下と低く、極めて引火しやすい危険な物質です。

爆発しやすく蒸気は可燃性で、空気の3～4倍重いので低い場所に溜りやすいのです。

容器を激しく揺らしたり混ぜたりすると静電気が発生して蓄積されやすく引火の原因になります。

ガソリンは、車やバイクの燃料として日常的に使用されている、私達の生活に欠かせないものです。それと同時に身近にある、火災の危険性の高い物質なのです。

ガソリン火災

臭いです。
カチッ
ガソリンの漏洩。
ドーン
暗くて見えないなぁ～
カチッ
ガソリンの抜き取り中。
ドーン
ガソリンの給油中。
タッチ！
ボッ！
静電気の除去をするのよ。
ホームタンクからガソリンの流出。
ボン
ハヒッ！

ガソリンは無色ですが、判別できるようにオレンジ色に着色されています。
G・S

•灯油や軽油も黄色や緑色などで着色されています。

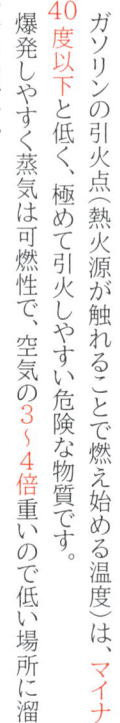

照明器具は、暗闇を照らしてくれる、私達の生活を快適にしてくれる便利なものです。その種類は、白熱電球・蛍光灯・LED・HID・レザー光など様々なものがあります。

使用目的も・家庭用・事務所用・産業用・車両用・イベント用など様々です。照明器具による火災の実態は、照明器具の**故障や不適切な使用**がほとんどです。日頃のメインテナンスと適切な使用をすることで、火災を防止することができます。また、ロウソクなどの裸火で照明を取るときは、**窓や出入り口を閉めて**使用しましょう。

照明器具火災

照明器具を紙で覆って使用して出火。
適切な使用をする。
ランプが転倒し出火。
コッツン
転倒防止をしよう。
照明器具の近くに置いていた紙が熱をもって発火。
メラメラメラ
照明器具の近くに燃えるものを置かない。
照明器具内部の電子部品の劣化で出火。
新しいものと交換しましょう。

ジジジジジッ…
漏電が原因で照明器具から出火した事例もあるのよ。

自然発火

常温で物質が自然に発熱し、熱が蓄積され発火する現象。
酸素
温度
蓄熱
自然発火
熱く～
こら～っ。
100度
50度
0度
酸化反応で熱が発生。
熱がこもり温度が上昇。
発火点に達し自然発火。
おろろろっ。
山盛りの天カスから出火。
ブス
ブス
ブス
ブス
あきゃ～
塗料の染み込んだ布をゴミ袋に入れておいたら出火。
ゴミ袋
ボ～
美容オイルが付いた衣類を乾燥機に入れたら出火。
ボン!
あわわわわ～

自然発火の発生

化学反応などで発火

↓

その熱で自身の温度が上昇

↓

化学反応の速度が増す

↓

単位時間の発熱が増える

↓

繰り返される

↓

ついには発火温度に達し自然発火する！

電化製品による事故や火災の原因は、4コマのような原因の他に、「誤使用」が原因のものが多くあります。「誤使用」による「誤作動」ということです。

「誤使用」は、使用前に取り扱い説明書をしっかりと読んで、理解したうえで家電製品を使用することで、防止することができます。

家電製品で事故が多いのは、電気ストーブ・電子レンジ・クッキングヒーターなどで、これらの家電製品は、他の家電製品に比べて火災を発生させるリスクが高いものです。

家電製品の誤作動

誤作動の流れ
電気信号の無作為な変動。
過度な電圧や電流が発生。
周囲に電波を放射。
家電製品が誤作動。
バチ
バチ
バチ
電気ノイズが原因だ。
テレビのリモコンスイッチを入れたらリモコン付ストーブが点火。
カチッ
ピピピ
ボッ
テレビとストーブの信号が一致して誤作動しました。
警備員の無線機の強力な電波でパチンコ台が誤作動しました。
ゴト行為はダメよ!
この出来事をきっかけに、電波ゴト行為が起ったのよ。
製造物責任法
製品の欠陥により生じた損害を製造業者に賠償させることを定めた日本の法律です。
テレビの欠陥が原因で火災が発生したのがきっかけだよ。

製造物責任法は、PL法と言います。Product Liability

近年、電池・バッテリーからの出火は、増加傾向にあります。その理由は、外出先でも充電可能な、モバイルバッテリーなどの、急速な普及です。

このモバイルバッテリーに使用されるのが、リチウムイオン電池です。リチウムイオン電池は、一般的に使用されるニッケルカドミウム電池や、ニッケル水素電池などに比べて、大容量・高出力・軽量というメリットがあるので、小型充電式電池に利用されるのです。

3コマ目のような家電製品からの出火は、充電方法の誤り・非純正バッテリーの使用・分解のため衝撃を与えたなど、誤った取り扱いによることが多いのです。

電池・バッテリーの火災

使用中やゴミ収集時に圧迫されたり衝撃を受けると・・・
損傷し爆発して発火する危険があります。
バリバリ
バチバチ
破砕。
あっ、落とした～
防止対策
•衝撃を与えたり破損させたりしない。
•バッテリーは、回収、リサイクル協力店へ。
•家電製品を廃棄するときは電池を外す。
そろ～りそろ～り。
リサイクル
電池
テープで絶縁する。
家庭内にある小型充電式電池
携帯ゲーム機。
電動歯ブラシ。
コードレス掃除機。
デジタルカメラ。
ビデオカメラ。
ノートパソコン。
ファクシミリ。
小型充電式電池のマーク
Ni-Cd
Ni-MH
Li-ion
リチウムイオン電池。
ニッケル水素電池。
ニカド電池。

出火して火花が飛び散っている間は、危険です。火花が収まって消火しよう。

車両火災の出火件数と車の総走行距離の間には、比例関係が成り立っています。総走行距離が増えれば、火災になりやすいということです。

総走行距離が増えるほど、性能や部品などの劣化や故障のリスクが増え、火災が発生する可能性が高くなるからです。

このような車は、日頃からのメインテナンスに加え、定期的な点検・整備を怠らないようにしましょう。

また、走行中に出火したら、後方の車に注意して道路の左側へ停車させ、エンジンを停止して、安全の確保と二次災害の防止に努めてください。

車両火災

確実に点検・整備しよう!
原因
・無理な改造。
・整備不良
・製品不良。
・事故。
・放火・・・
安全運転も忘れないでニ〜
燃料やオイルが漏れ、マフラーなどの高温な箇所に付着して火災が発生します。
あきゃ〜
バッテリーや配線など、電気系統でショートして火災が発生します。
ふぇ〜
あわわわわっ。
ブレーキを長い時間踏んで走行すると過熱して火災が発生するのよ。

車両火災の原因でも放火は多いバウよ!
そうそう、全部人間の仕業だニ〜

爆発とは、急速な化学反応によって発生する、熱と爆鳴を伴う現象で、周囲の状況によっては、建物や地物などの破壊作用を伴います。爆発が起こるには、火災の成立条件と一緒で、可燃物・酸素・火源の3要素が必要ですが、可燃物となるガスと酸素が、ちょうど良い状態で混ざり合い、爆発範囲にならないと、火源があっても爆発しません。

しかし、一旦爆発すると火災と違い、一瞬にして甚大な被害をもたらすことになります。

また、爆発しなくても対流したガスで、酸欠や中毒になる危険性があるので注意が必要です。

ガス爆発

家庭で主に使用するガスは2種類。
都市ガス
LNG
無色無臭、空気より軽い。
液化石油ガス
LPG
無色無臭、空気より重い。
ガス臭いと感じたら・・・
・ガスのスイッチを切る。
・ガスの元栓を止める。
・ドアや窓を開ける。
・臭いがなくなるまで換気する。
危険がなくなるまで火気厳禁！
喫煙、電気製品など火源となる行為はしない。
カチ
パチッ
換気扇を使用すると火花が発生して爆発の危険があります。
爆発範囲
プロパンガス 2.1～9.5%
都市ガス 4.6～38.1%
ピピピ
ピピピ

フガッ
ガフには危険を知らへるため、腐った卵やタマネギのような臭ひを人工的に付けていまふ。

小麦粉を貯蔵タンクへ空気圧により送入していたところ、貯蔵タンク内で粉塵爆発が発生した。

小麦粉と空気が一緒に送入され、タンク内で混ざり粉塵が発生、貯蔵タンクをのぞき込んだ作業員が、手に持った白熱電灯を点灯させたことで、火花が発生着火し粉塵爆発が起こったもの。

このように、粉塵爆発の原因となる物質には、家庭で使用する小麦粉・コンスターチ・片栗粉・砂糖などの食品も含まれているのです。

粉塵爆発を起こす微粒子の大きさは、500ミクロン以下と言われ、単位体積当たりの表面積が大きいほど危険なのです。

粉塵爆発

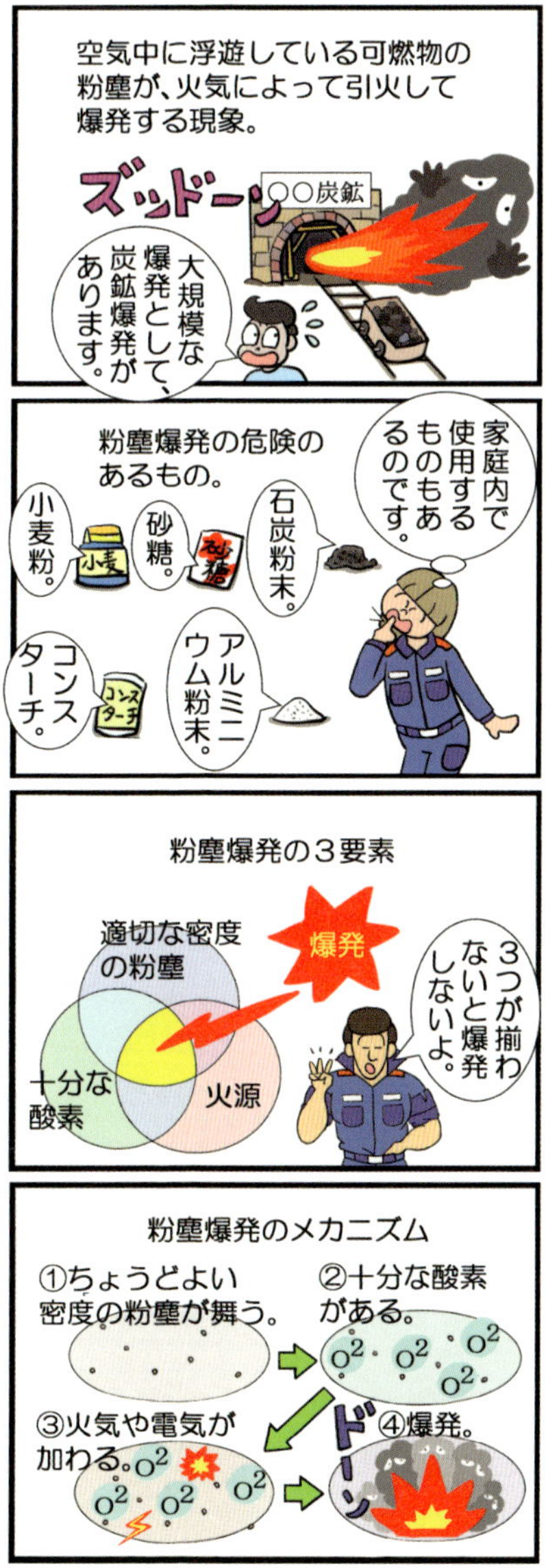
空気中に浮遊している可燃物の粉塵が、火気によって引火して爆発する現象。
ズッドーン
○○炭鉱
大規模な爆発として、炭鉱爆発があります。
粉塵爆発の危険のあるもの。
家庭内で使用するものもあるのです。
石炭粉末。
砂糖。
小麦粉。
アルミニウム粉末。
コンスターチ。
粉塵爆発の３要素
適切な密度の粉塵
十分な酸素
火源
爆発
３つが揃わないと爆発しないよ。
粉塵爆発のメカニズム
①ちょうどよい密度の粉塵が舞う。
②十分な酸素がある。
③火気や電気が加わる。
④爆発。
ドーン

カラーパウダーによる粉塵爆発も起っているのよ。
ドーン

小学校の頃、理科の実験で虫眼鏡を使って、鉛筆で黒く塗った紙を焦がす実験をした経験があると思います。これが「収れん現象」なのです。

太陽光が虫眼鏡で屈折し、一点に集まることで収れん現象が起こり、蓄熱することで紙が発火温度に達し、火がつくのです。

この収れん現象によって発生した火災を、「収れん火災」と言います。

消防機関の火災原因調査では、直径約12㎝の虫眼鏡で実験を行った結果、収れんした場所の光の温度は、約131度で、出火までの時間は63秒だったという実験結果があります。

収れん火災

鏡、ペットボトルなどが太陽光を収束させ可燃物を発火させる。
嘘っ、署長。
予防
1 太陽光が室内のどこまで入り込んで来るかを確認。
2 そこに原因となるものを置かない。
3 光を遮ることで予防する。
カーテンや磨りガラスもね！
オリンピックの聖火は収れん着火なのよ。
凹面鏡で太陽光を集めて点火するのよ。
男子禁制の非公開儀式なのよ。
収れん火災の多い季節はいつ？
夏は日差しが強いからね～
答え 太陽高度が低く、部屋の奥まで太陽光が差し込む冬場です。

収れん火災は、火源が出火箇所に存在しないのじゃ。
火源
出火箇所

林野火災

ボ〜
たばこの投げ捨て。
ポイ！
うひょ〜空気がうまい。自然はええの〜う！
虫の駆除だよ！
メラ
メラ
メラ
放火や火入れ。
ボボボボ
枯れ草焼却など。
燃え移っった〜
空中消火だ！
山や林野などは消火困難。
地上からでは消火できないよ・・・

林野火災は、まさに小さな火から大きな火災を引き起こす火災の代表なのです。「春の火災予防運動」は知っていますか？ 4コマのような火災が多くなる時期に、毎年3月1日から1週間実施されている運動です。

では、4コマのような火災を起こさないためにはどうしたら良いでしょうか？ 火災を起しやすい環境とはどのようなものでしょうか？ 湿度と風速が大きく関係しています。

乾燥しているほど、風が強いほど火災は起きやすいのです。火災警報が発表されたら屋外での火の使用は禁止されます。

また、火災注意報の発表でも極力控えた方が良いでしょう。

林野火災の避難は、炎を背にして風上へ急いで避難するのよ。

ダクト火災が発生しました。４つの要因が考えられます。考えてみましょう！

１つ目は、大量の丸腸を一度に焼いたことで、丸腸の油脂についた火が燃え上がった。

２つ目は、ダクトの吸い込み位置が低かったため、火であおられた。

３つ目は、ダクトの清掃を怠り、ダクト内に大量の油脂が付着していたため、ダクト内を火が燃え上がって行った。

４つ目は、ダクトの安全装置が故障していたため作動せず、火が天井まで燃え上がって行ったことです。この４つの要因の１つでも排除できていれば火災は起こらなかったのです。

火災の原因を考えよう！

【火災の原因調査】
出火箇所・火源・着火物・原因・被害額などを調査し、火災予防対策や警防対策の基礎資料とします。

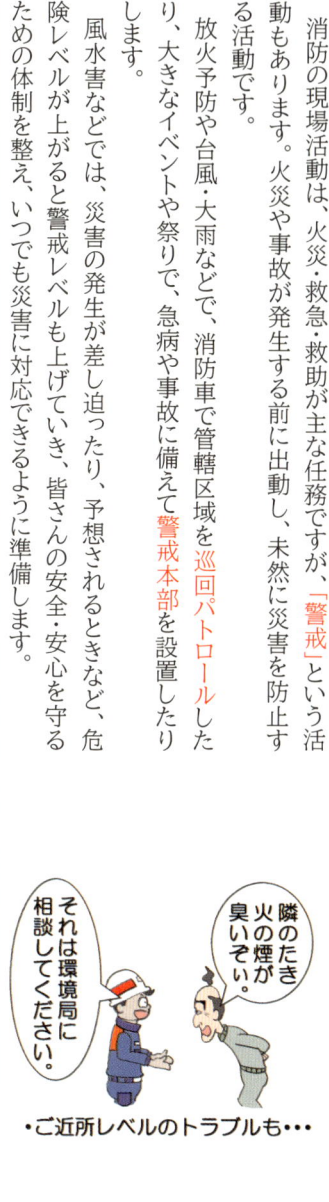

消防の現場活動は、火災・救急・救助が主な任務ですが、「警戒」という活動もあります。火災や事故が発生する前に出動し、未然に災害を防止する活動です。

放火予防や台風・大雨などで、消防車で管轄区域を巡回パトロールしたり、大きなイベントや祭りで、急病や事故に備えて警戒本部を設置したりします。

風水害などでは、災害の発生が差し迫ったり、予想されるときなど、危険レベルが上がると警戒レベルも上げていき、皆さんの安全・安心を守るための体制を整え、いつでも災害に対応できるように準備します。

警戒

家の窓に火が見えます。
夕日が窓に反射していただけでした。
火事でなくてよかった・・・
家から煙がでてます。
何かあったのか？
風呂の湯気かよ～
ジリリリリ
非常ベルが鳴っています。
酔っぱらいが非常ベルのボタンを押したか。
ウィ～
人騒がせな・・・
鍋の空炊きか。
焦げ臭い臭いがしてます。
モクモクモク
略して鍋空。

隣のたき火の煙が臭いぞい。
それは環境局に相談してください。

・ご近所レベルのトラブルも・・・

消防団員は自分の仕事をしながら、いざというときに、いの一番に駆けつけてくれる、地域の頼もしい「身近なヒーロー」なのです。

消防団員の身分は、非常勤の特別職の公務員です。入団条件は、その地域に居住しているか、勤務していることと、年齢が18歳以上の健康な人です。

消防団員になると、活動に必要な服や靴などが給貸与されます。

また、年間一定の報酬が支給され、災害や訓練に出動すると手当が支給されます。あなたも、身近なヒーローになりませんか？

身近なヒーロー

あなたのすぐそばに、ヒーローが居ることを知っていますか？
どこ？
どこ？
自分達の町は自分達で守るという強い使命感！
郷土愛
キョホー
この町は俺が守る！
6分団
火災、水防、地域の見守り、捜索、救助など・・・身近なヒーローは活躍します。
放水始め！
キョホー
火
その名は、消防団！
敬礼！

消防団員には専業主婦だっているのよ！

・消防団員は多種多様な仕事を持ったスペシャリストの集団なのです。

1コマ目の「ダクト火災」は、コンロの使用頻度が多い、焼き肉店や天ぷら店・食堂などで発生することが多いのが特徴です。

2コマ目の「電線火災」は、雨台風や大雨が降ると発生しやすく、停電の原因になります。水で消火することは感電の危険を伴います。

3コマ目の「断熱材火災」は、冷凍庫や倉庫の火災に発生する、消火が困難な特異な燃焼形態の火災です。

4コマ目のように、燃やしていた木から建物に火が燃え移り、火災になったものは、建物火災として取り扱います。

その他の火災事例1

ダクト火災
ダクト内に溜った油に引火。
定期的に掃除しよう。
電線火災
バチバチ
ザザ
火花を見つけたら、電力会社へ連絡しましょう。
電線の傷に塩分やゴミが付着して雨でショートするのだ！
断熱材火災
しまった、火に囲まれた。
発泡ウレタンなどの断熱材は、壁の中を燃えて行きます。
建物火災
メラメラ
ユーカリの木でした・・
伐採した木を燃やしたら、家に燃え移った〜

オーストラリアの山火事が有名です。ユーカリの木には引火性の高い成分（炭化水素）が含まれています。

1コマ目の「エアコン火災」を防止するには、エアコン洗浄をするときは、電源を切って行い、洗浄後は完全に乾燥したのを確認して電源を入れましょう。

2コマ目の「落雷火災」の、被害を軽減するには、アース端子を設置する・電化製品のコンセントを抜く・落雷防護機器を設置しましょう。

3コマ目の「着火剤火災」は、着火剤を追加するときは、人に向けて使用しないようにしましょう。

4コマ目の「ハチの巣焼いて家焼いた火災」では、殺虫剤を噴射し火をつけ、火災になった滑稽な事例があります。火気厳禁です。

その他の火災事例２

エアコン火災
エアコンの内部配線端子部分に洗浄剤が付着。
しっかりと乾燥させるのよ。
エアコンを作動、トラッキング発生、火災になる。
落雷火災
ドーン
羅針盤を付けたり、家電製品のスイッチを切ろう。
着火剤火災
人にかけてはダメ～
着火剤を追加したら、飛び散って火災発生。
ピュー
ハチの巣焼いて家焼いた火災
このやろ～
ハチ駆除専門業者に頼めよ～

・このような事例では、火災を発生させたり原因を作った人が、身内にこっぴどく叱られるのが落ちです。

1コマ目の火災は、正式には「コンロ火災」です、魚だけでなく、鶏肉や牛肉・豚肉など、脂分のあるものを調理するときは注意しましょう。

2コマ目の「電子レンジ火災」は、電子レンジに対応していない容器を使用して出火することが多いので注意しましょう。

3コマ目の「空焚き火災」は、鍋の空焚きや風呂の空焚きなどが多いので注意しましょう。

4コマ目の「再燃火災」は、完全に消火しきれていなかったために、忘れた頃に再出火してしまう火災です。水をかけて、とどめを刺しましょう！

その他の火災事例３

こまめに掃除をするのよ。
焼き魚火災
受け皿に溜った魚油が燃えて火災発生。
電子レンジ火災
不適切な使用はだめ。
アルミホイールを使用したため、火花が出て火災発生。
掃除のためヒーターを水槽から出していたら火災発生。
空焚き火災
スイッチを切ってコンセントを抜こう。
再燃火災
消火器の粉は浸透性がないので、深部まで消火しきれず数時間後に再燃した。
消火器
最後は水でしっかりと消そう！

どの火災もちょっとした注意で予防できるはず。
チョン

過去の火災を知ろう
北陸トンネル列車

1972年（昭和47年）11月6日、福島県敦賀市の北陸トンネルで列車火災が発生、乗客761人のうち30人が死亡、714人が負傷した。

火災の原因は、電気暖房装置のショートとされ、基準違反の配線と配線の緩みがあったことが判明した。

多くの犠牲者を出した背景には、火災対策の不備があった。トンネルの火災時の対策について消防署から国鉄に対し、列車に救命補助具や呼吸器を備えることの申し入れがあったが聞き入れなかった。

また、火災発生時にトンネル内で停車したことが被害の拡大につながったことから、以後トンネル内での列車火災では、トンネルを出て停車するようになった。

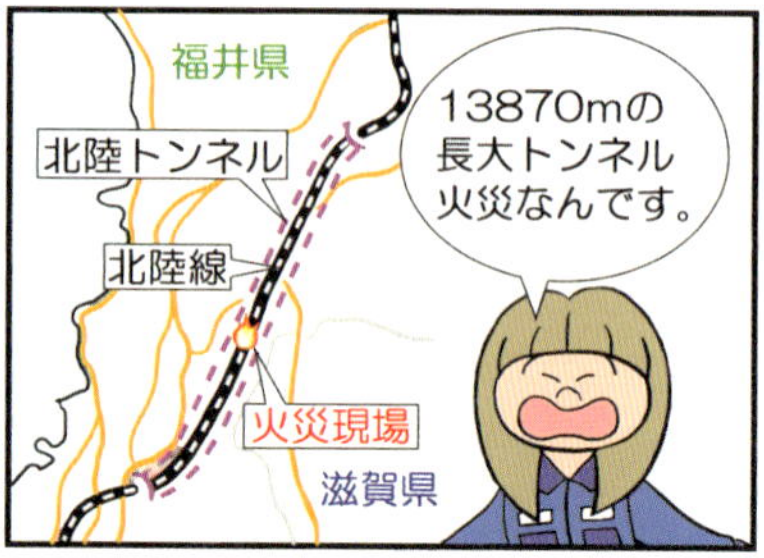
福井県
北陸トンネル
北陸線
火災現場
滋賀県
13870mの長大トンネル火災なんです。

もうけ至上や人べらし
お金より人命です。

・トンネル内で列車を停車させた
・列車が燃えやすい材料でできていた
・消火設備は消火器しかなかった
・当時の消防には排煙装置がなかった

日本郵便
10
トンネルの開通は「北陸の夜明け」と喜ばれたのです。

救助隊は決死の突入をしたのよ。
実際に列車を火災にして実験した結果・・・トンネルを出て停車することと決まったのよ。

過去の火災を知ろう
ホテルニュージャパン

1982年（昭和57年）2月8日、東京都千代田区永田町のホテルニュージャパンで火災が発生し、死者33人を出した。

原因については、宿泊客の寝たばこの不始末でしたが、ホテル経営者の利益優先主義から、ずさんな防火管理により被害が拡大した。

利益第一主義、防災に関する無関心、消防設備が維持管理されていなかった、ホテル設備の故意による停止、内部の複雑な構造による避難障害、従業員の削減と経営者の横暴、防火教育不足と初動対応の不手際、客室内の防火対策の不備、ずさんな防火管理と偽造工作という、安全・安心を完全に無視した最悪の人災だったのです。この火災により消防法施行令が改正され、「適マーク」制度が導入されました。

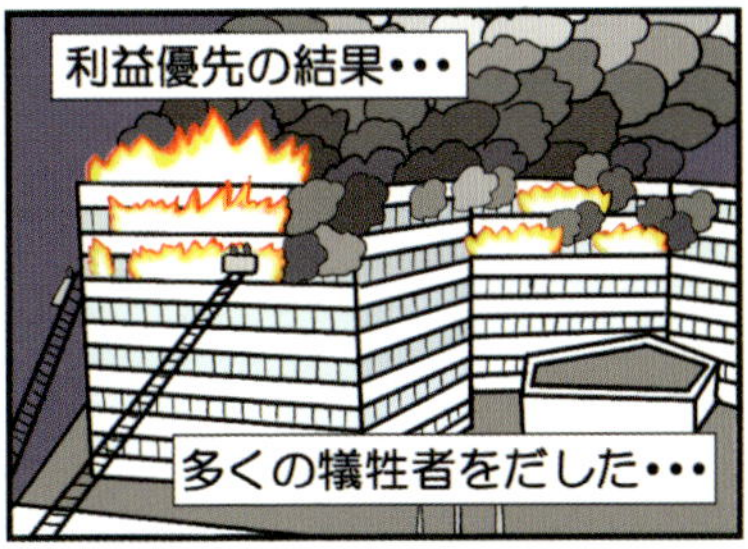

利益優先の結果・・・
多くの犠牲者をだした・・・

ホテル火災 32人死ぬ
早朝、赤坂の「ニュージャパン」
横井被告の実刑確定

防火対象物適合表示制度
防火上の基準を満たしていることを、皆さんに知らせる制度なのよ。
適マーク

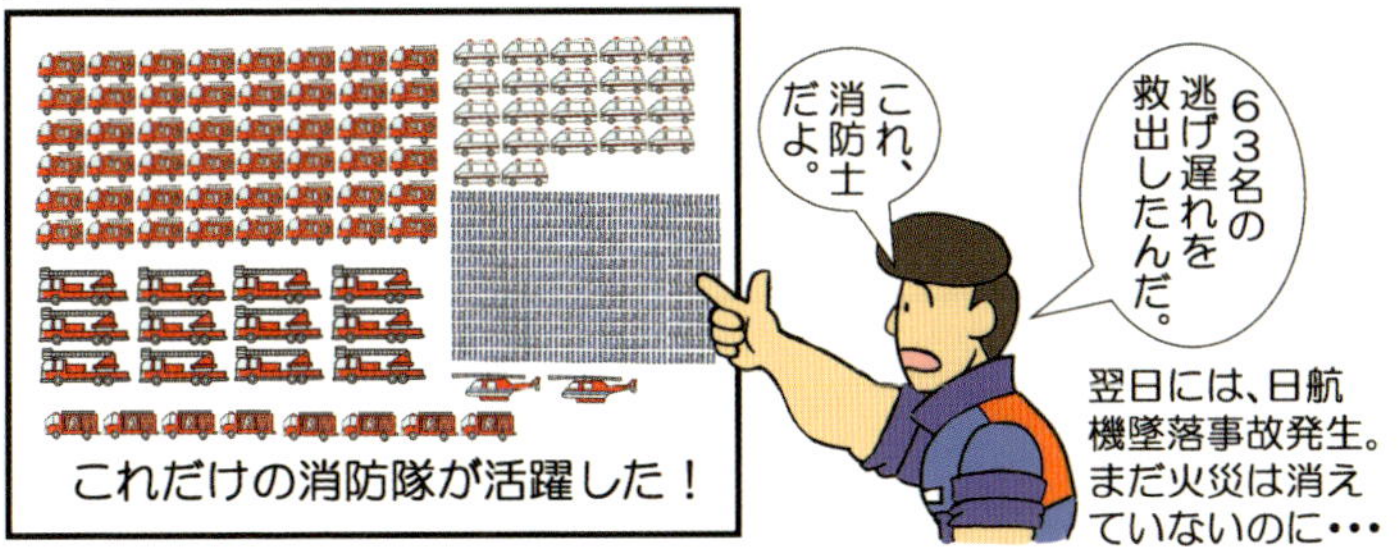

これだけの消防隊が活躍した！
６３名の逃げ遅れを救出したんだ。
これ、消防士だよ。
翌日には、日航機墜落事故発生。まだ火災は消えていないのに・・・

2001年（平成13年）9月1日、東京都新宿区歌舞伎町の4階建て雑居ビルで火災が発生、死者44人、負傷者3人を出した。

火災の原因は、3階踊り場のガスメーターボックス付近に何者かが放火したのもとみられている。被害が拡大した原因は、自動火災報知設備の電源が切られていたこと、3階部分の避難器具が未設置だったこと、4階部分の避難器具が使用不能状態だったこと、避難通路の確保が不十分だったこと、多くの人が煙を吸い一酸化炭素中毒になったことなどがあげられる。

また、内部で火災が発生していたことを知らないで、従業員が扉を開けたため、空気が一気に流入しバックドラフト現象が起りました。

過去の火災を知ろう
歌舞伎町ビル

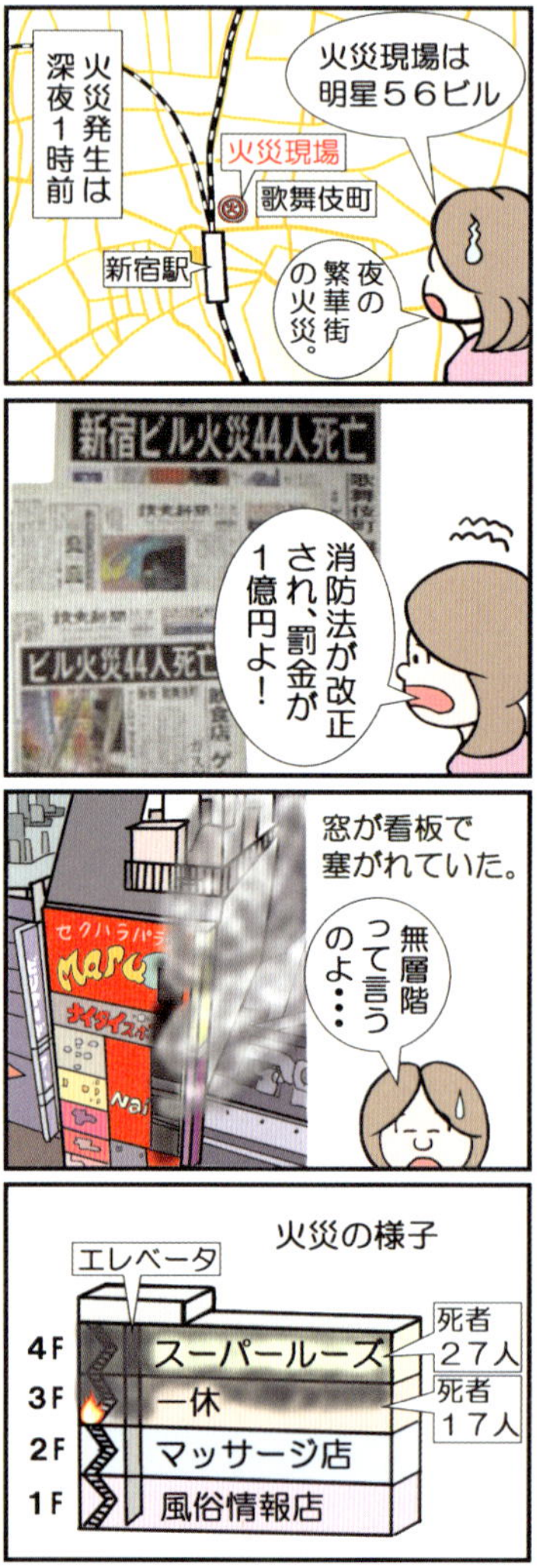
火災現場は明星56ビル
火災発生は深夜1時前
火災現場
歌舞伎町
新宿駅
夜の繁華街の火災。
新宿ビル火災44人死亡
消防法が改正され、罰金が1億円よ！
窓が看板で塞がれていた。
無層階って言うのよ・・・
火災の様子
エレベータ
4F
スーパールーズ
死者27人
3F
一休
死者17人
2F
マッサージ店
1F
風俗情報店

塞
塞
窓を塞ぐのは危険なのです。

無窓階とは、避難または消火活動上、有効な開口部の無い階のことです。

過去の火災を知ろう
東海道新幹線

2015年（平成27年）6月30日、東京発新大阪行き新幹線が新横浜～小田原を運転中に火災が発生、1964年の営業開始以来、全新幹線でも初めての列車火災となりました。

火災の原因は、男が新幹線内でガソリンをかぶり、ライターで火をつけ焼身自殺を図ったもので、男は焼死し巻き添えになった女性1人が気道熱傷で窒息死しました。この他にも乗客26人と乗務員2人が煙を吸うなどして重軽傷を負いました。

亡くなった女性は、フェイスブックへ「今日は、これまでの平穏無事のお礼参りに伊勢神宮へ伺います」と書き込んでいたということです。

借金に追い詰められた身勝手な男の被害妄想による悲劇なのです。

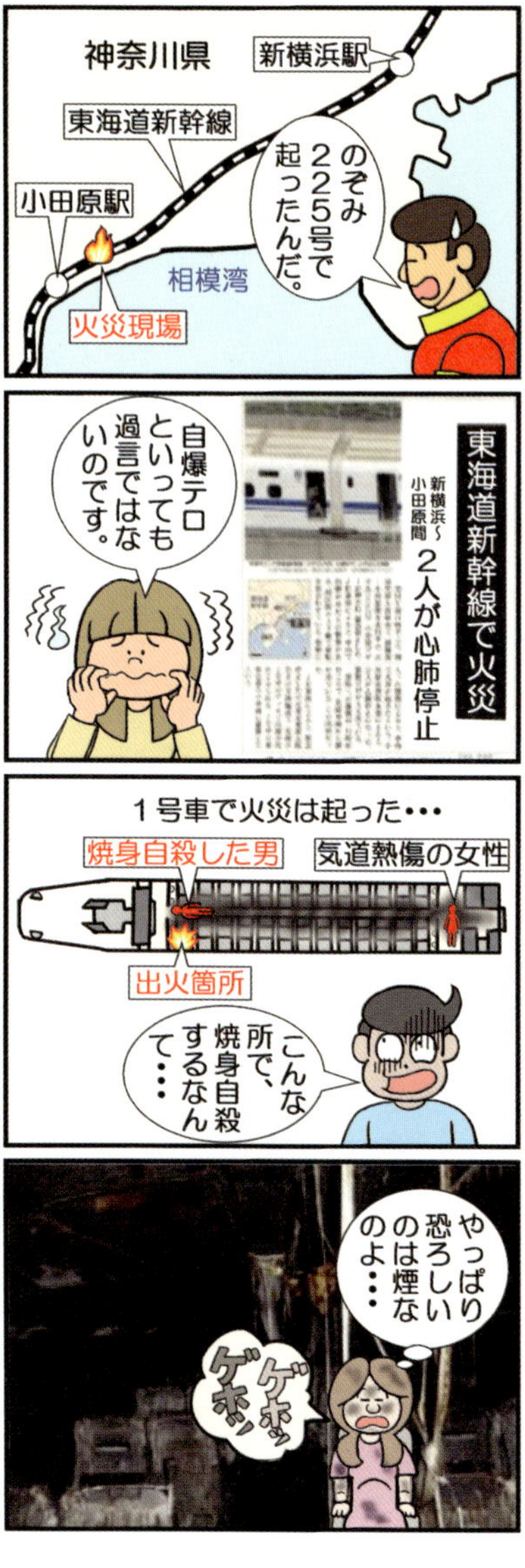
神奈川県
新横浜駅
東海道新幹線
小田原駅
相模湾
火災現場
のぞみ225号で起ったんだ。
東海道新幹線で火災
新横浜～小田原間 2人が心肺停止
自爆テロといっても過言ではないのです。
1号車で火災は起った・・・
焼身自殺した男
気道熱傷の女性
出火箇所
こんな所で、焼身自殺するなんて・・・
やっぱり恐ろしいのは煙なのよ・・・
ゲホッ
ゲホッ

逃げ場のない密閉空間で、関係のない他人を巻き添えにするなんて・・・許せない。

2016年（平成28年）12月22日、新潟県糸魚川市で火災が発生、負傷者17人、被害建物147棟、焼損面積4万㎡を出し、約30時間にわたり燃え続けました。火災の原因は、ラーメン店のコンロの消し忘れで、広範囲に延焼拡大した原因は、強い南風により火災があおられたこと、一帯が昭和初期に建てられた商店街や木造住宅の密集地だったことがあげられます。火災時の平均風速は10m／秒、最大瞬間風速は24m／秒を超えていました。

この火災により、コンロ火災での初期消火の重要性を踏まえ、消防法の一部が改正され火気を使用する小規模店舗に対し、延べ面積に関係なく消火器具の設置が義務付けられました。

過去の火災を知ろう
糸魚川大規模火災

日本海
糸魚川市
新潟県
富山県
長野県
群馬県
最大瞬間風速24m/秒を超えた・・・
日本海
延焼範囲
強い南風
ラーメン店
小さなラーメン店の火災が大火に・・・
火災は海岸線まで延焼した・・・
もっと、密集地が続いていたら・・・
糸魚川大火 140棟
消火器具は使わないと意味がないのよ！
いざという時に使えるようにしておくのよ！

私は飾りじゃないのよ！
ABC

過去の火災を知ろう
京都アニメーション

２０１９年（令和元年）７月18日、京都府京都市伏見区京都アニメーション（地上４階建て）で火災が発生、社員36人が死亡、33人が重軽傷という日本で起きた事件としては、過去に例を見ない大惨事となった。

火災の原因については、男が京都アニメーション第一スタジオの1階入口付近でガソリンをまき、ライターで火を付け放火したもの。

被害が拡大した原因は、火災の発生場所が1階だったため、上階からの避難ができなかったこと、建物の中央にらせん階段があり、一気に煙が上階へ充満したこと、2方向避難ができる避難口やベランダがなかったこと、屋上へ出るためのドアが開かなかったこと、ガソリンの黒煙を吸い一酸化炭素中毒になったことなど、複数の要因が重なったからです。

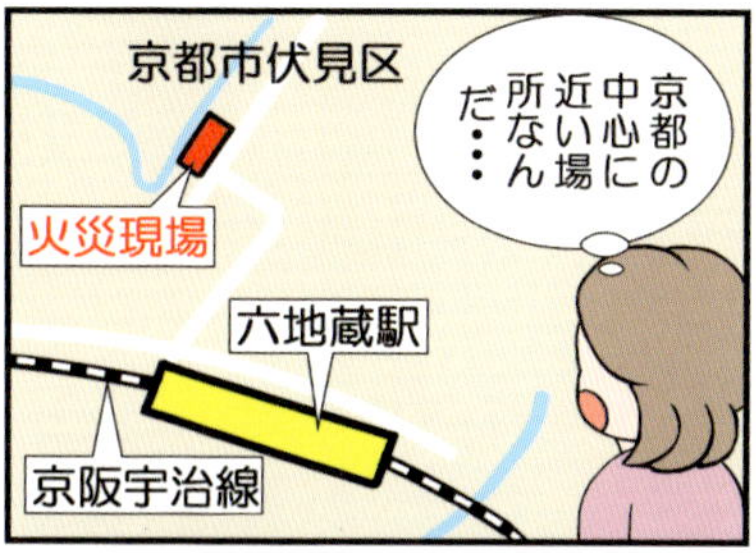
京都市伏見区
火災現場
六地蔵駅
京阪宇治線
京都の中心に近い場所なんだ・・・

京都アニメ火災 38人死傷
世界に誇る日本の文化が・・・

多くのアニメーターが犠牲に・・・

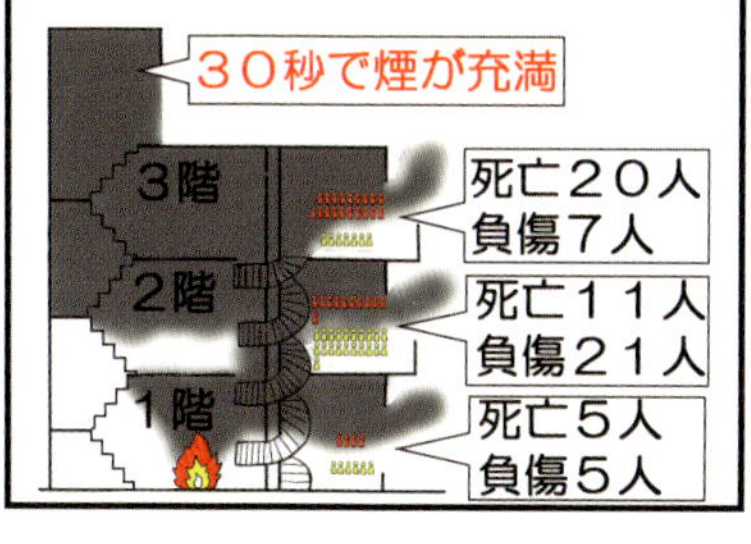
３０秒で煙が充満
3階
死亡２０人
負傷７人
2階
死亡１１人
負傷２１人
1階
死亡５人
負傷５人

近隣者や作業員がはしごや工具を使って、何人もの逃げ遅れを救出したのです。

２０２１年（令和３年）12月17日、大阪府大阪市北区曽根崎一町目の地上6階建ビルで火災が発生、27人が死亡、1人が負傷、4階部分のクリニック25㎡を焼損した。火災の原因は、男がクリニック入口付近でガソリンを使用し放火したもので、男は出火後も逃げることなく、両手を広げ立ちはだかり、外へ避難する人を捕まえようとする様子が防犯カメラに写っていました。

男の所持品から催涙スプレーが2本見つかったこと、事件発生前の30分前に男の自宅で火災が発生していたこと、放火殺人事件に関する切り抜きやメモが見つかったことから、強い殺意と計画性が分かる放火殺人なのです。

過去の火災を知ろう
大阪北新地ビル

東海道線
大阪環状線
JR大阪駅
JR北新地駅
高級歓楽街ですっ。
火災現場
診察室
死者１０人
死者１４人
EV
犯人
避難を妨害したのよ・・・
ギリッ
ビル火災27人心肺停止
許せない・・・
赤の他人を巻き添えにした心中・・・
このような火災は法律を強化するだけでは防ぐことはできない・・・

被害者は、社会生活の復帰のために通院していたのに・・・

過去の火災を知ろう（特集）
北九州市内の主な市場商店街火災

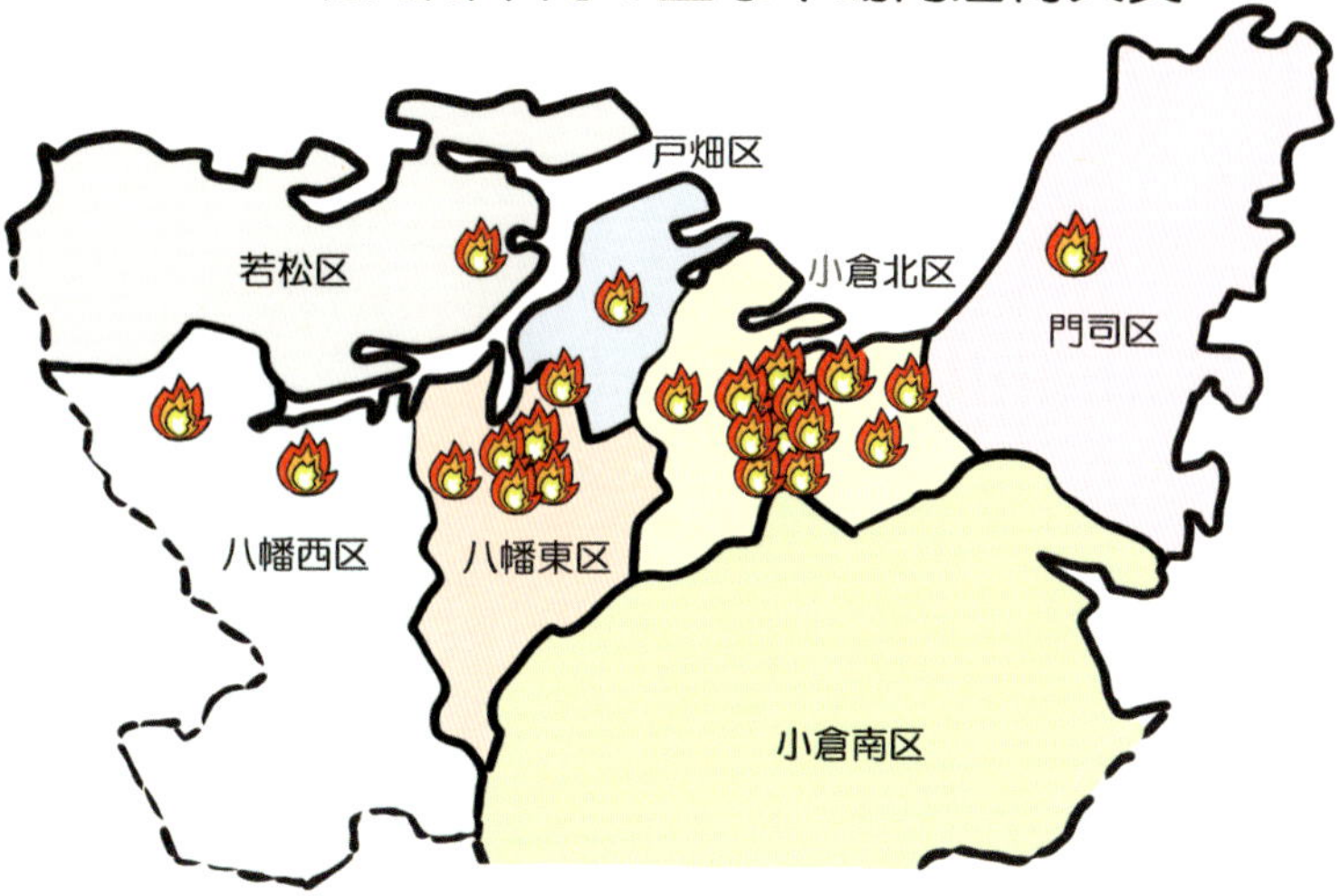

昭和６０年	八幡西区黒崎商店街	１５店舗焼損
昭和６１年	八幡東区中央町商店街	１３店舗９０６㎡焼損
昭和６２年	八幡西区折尾中央市場	――
昭和６３年	小倉北区黄金町市場	１１５３㎡焼損
平成元年	門司区門司商店街	１６店舗２３０１㎡焼損
平成８年	小倉北区魚町３番街区	１６棟３７７２㎡焼損
	小倉北区京町商店街	１０棟１２９１㎡焼損
平成１３年	八幡東区中央商店街	８店舗８１８㎡焼損
	戸畑区中央市場	２店舗９８２㎡焼損２名死亡
平成１４年	八幡東区中央商店街	７店舗９６５㎡焼損
平成２３年	小倉北区中原市場	２棟７８０㎡焼損
	小倉北区富野市場	１３棟３０４５㎡焼損
平成２４年	若松区あやどり市場	１５４６㎡焼損
	小倉北区赤坂市場	３２３㎡焼損
平成２５年	八幡東区中央商店街	１３棟６８１㎡焼損
平成２６年	小倉北区魚町銀天街	１２棟焼損
平成２８年	八幡東区祇園町マーケット	８棟１６２６㎡焼損
令和４年	小倉北区旦過市場	２８店舗１９２４㎡焼損
	小倉北区旦過地区	３棟３３２４㎡焼損
	八幡東区枝光市場	９棟２５１㎡焼損
令和６年	小倉北区鳥町食堂街	３５店舗２９００㎡焼損
令和６年	小倉北区魚町３丁目	８店舗３５０㎡焼損

トラッキング現象の「トラック」とは、電気の通り道のことです。トラッキング現象による火災を防止するには、トラックができる原因を排除することです。

掃除をしましょう！　コンセントやプラグなどの隙間にゴミやホコリを溜めないことです。ペットによる尿や雨漏りなどにも注意しましょう。

また、スイッチやリレーなどの入れ切れの際に発生する火花で、木材が「グラファイト化」し、トラッキング火災が発生するパターンもあります。通常は電気を通さない木材が、電気のスパークによって黒鉛（グラファイト）となり電気が通電してしまうのです。

トラッキング現象

コンセントやプラグの間に水分やホコリが付着します。
コンセントを差したままはダメです。
その表面で小さな放電が発生します。
コロナ放電といいます。
チカ
チカ
チカ
その部分が炭化して電流が流れます。
ジジジジ
発火して火災が起ります。
掃除しましょう！

家具などの後ろに隠れた見えないコンセントを、もう一度チェックしましょう！
家具

フラッシュオーバー

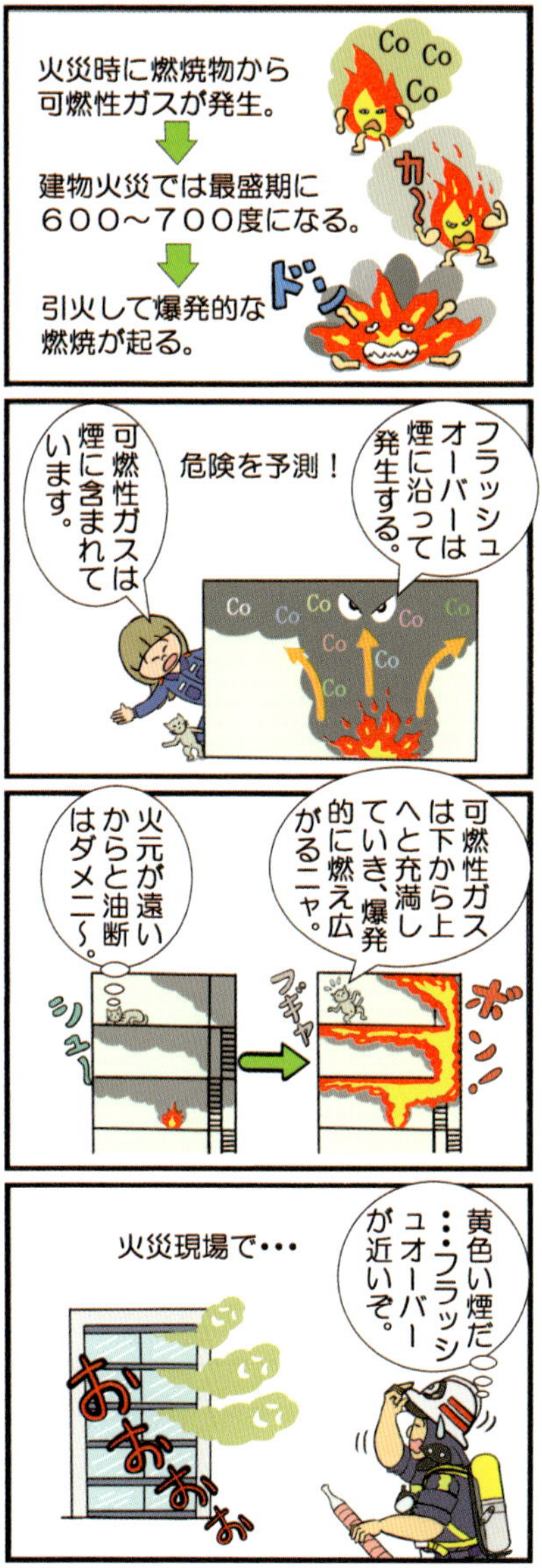
火災時に燃焼物から可燃性ガスが発生。
建物火災では最盛期に６００〜７００度になる。
引火して爆発的な燃焼が起る。
Co Co Co
カ〜
ドン
フラッシュオーバーは煙に沿って発生する。
危険を予測！
可燃性ガスは煙に含まれています。
可燃性ガスは下から上へと充満していき、爆発的に燃え広がるニャ。
火元が遠いからと油断はダメニ〜。
シュ〜
フギャ
ボン！
火災現場で・・・
黄色い煙だ・・フラッシュオーバーが近いぞ。
おおおお

フラッシュオーバーは、火災の初期に起こる現象で、火災発生から5〜10分くらいに発生することが多く、この時間帯はちょうど消防隊が火災現場に到着して、消火活動や人命検索のために、建物内へ突入しようとするときなのです。皆さんにおいては、既に安全な場所へ避難していると思いますが、忘れ物をしたとか、逃げ遅れた人を助けに戻ると、フラッシュオーバーの餌食になってしまいます。

フラッシュオーバーは、火災の際に必ず発生するものではなく、可燃性ガスが発生し蓄積され、1000度を超える高温の環境にならないと発生しません。

前兆
- 部屋に入れないくらい熱い。
- 黄色い煙が噴出している。
- 濃煙の中に炎が見え、床面付近まで充満している。
- 炎が酸素を求めて揺らいでいる。

気密性の高い倉庫や船舶などで火災が発生すると、時間の経過とともに燃焼が進み**酸素が少なくなり**、可燃物がいくらあっても燃えることができなくなり、炎が小さくなっていきます。

火災が**死んだふり**をするのです。この状態でドアなどの**開口部を一気に開けると、大量の酸素が供給され、爆発的な燃焼**を起こし、急激な燃焼拡大を起こします。

避難するときは、ドアを閉めて火災の延焼を防ぐことを推奨していますが、そのドアを消防隊が開けて、人命救助や消火活動のために室内へ突入するときが、危険な瞬間なのです。

バックドラフト

火災により室内の酸素が欠乏する。
この部屋が燃えているのか？
チョロチョロ
酸欠。
ドアや窓を開けたりすると大量の酸素が一気に流れ込む。
どーれ開けて見るか！
ラッキー！
酸素
熱せられた一酸化炭素と酸素が急激に結び付く。
ハヒャー
酸素補給！
酸素
爆発的な燃焼を起こす。
ドーン
急に開けると危険じゃっ。
ファイヤー！

前兆

- 窓やドアの隙間から黒煙が勢いよく噴出している。
- ドアやノブが触れないほど熱くなる。
- ドアや窓がガタガタと揺れる。
- 口笛のような音が聞こえる。

スロップオーバー現象

家庭内で起こりうる天ぷら油でのスロップオーバー現象とは、天ぷら油の温度が高いときに、油の中に水が入ると水が急激に沸騰して、水蒸気となり燃えている高温の天ぷら油が、急激に噴き出す現象で、火傷を負ったり周囲へ火が拡がり火災に至ります。

水は、水蒸気になると体積が1700倍に膨張します。天ぷら油に水をかけるのは、止めましょう。

日常で天ぷらを揚げているときに少しの水が入って、ジュ～という音をたて、はじいたりするのは、小さなスロップオーバー現象なのです。

危険物が高温で燃える。
メラ
メラ
メラ
○○消防
水をかける。
ジュ
ジュ
ジュ
○○消防
急激に水蒸気が発生。
ジュワ～
○○消防
一気に噴き出す！
ボワ～
アキャー

ズッドーン

爆発して火の玉を発生させる、ファイヤーボール現象にも注意だ！

防火教室や避難訓練などで、火災のときは煙を吸わないように、低い姿勢で逃げましょうと指導された経験のある方もいると思います。

この煙と新鮮な空気の境が、目に見える中性帯の「面」なのです。暖かい空気が煙を伴うため、目で見ることができるのです。

室内で冷暖房などを使用すると暖かい空気は上に溜り、冷たい空気は下に溜ります。このときの暖かい空気と冷たい空気の境の面が、日常で私達が体感できる中性帯なのです。

もちろん目には見えませんので、手を上げて温度差を確認してみると良いでしょう。

中性帯

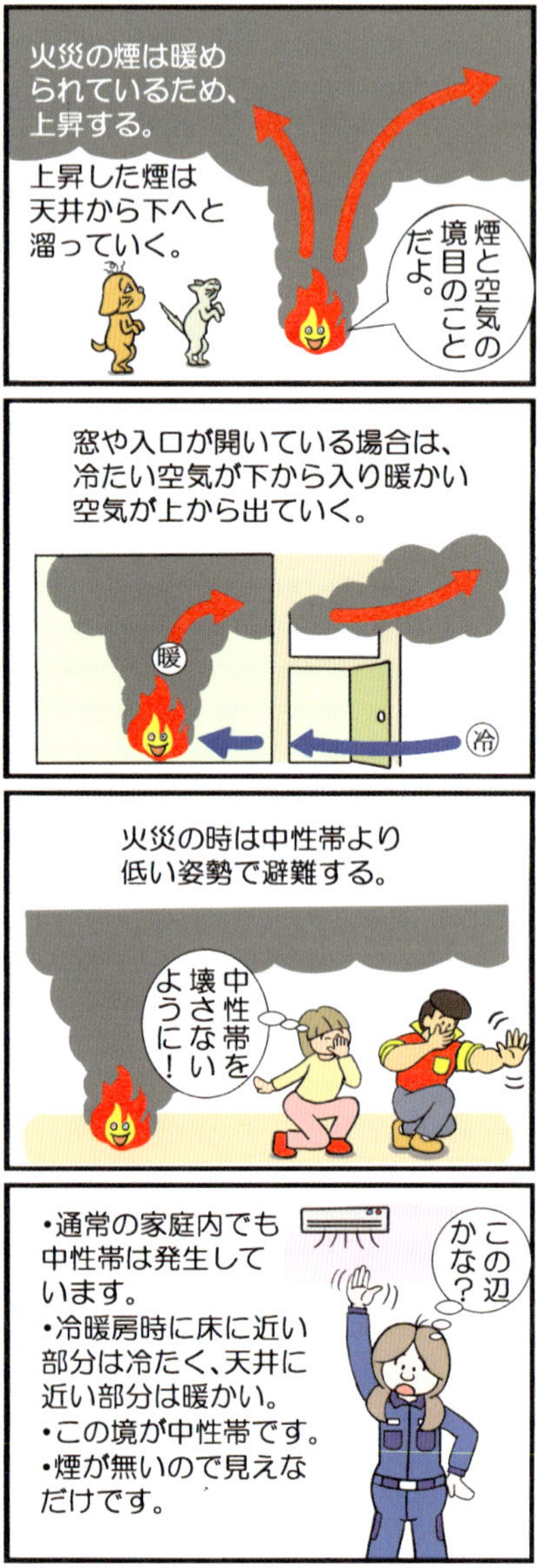
火災の煙は暖められているため、上昇する。
上昇した煙は天井から下へと溜っていく。
煙と空気の境目のことだよ。
窓や入口が開いている場合は、冷たい空気が下から入り暖かい空気が上から出ていく。
暖
冷
火災の時は中性帯より低い姿勢で避難する。
中性帯を壊さないように！
•通常の家庭内でも中性帯は発生しています。
•冷暖房時に床に近い部分は冷たく、天井に近い部分は暖かい。
•この境が中性帯です。
•煙が無いので見えなだけです。
この辺かな？

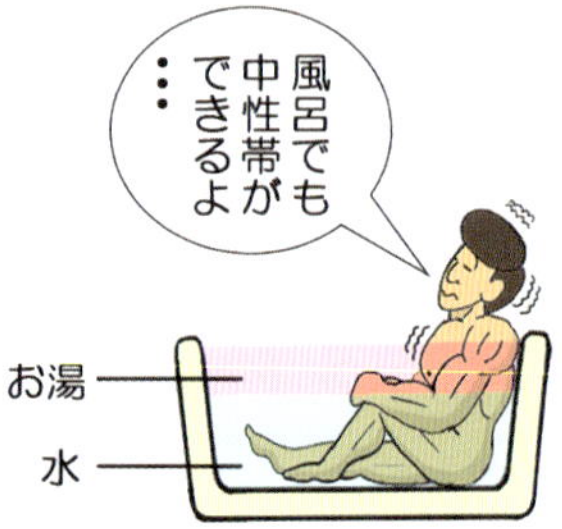
風呂でも中性帯ができるよ…
お湯
水

火事《かじ》を見《み》つけたら　子ども

たいへんだ！どうしよう？

危《あぶ》ないので近寄《ちかよ》らないようにしましょう！

火事《かじ》だ～

大《おお》きな声《こえ》で大人《おとな》を呼《よ》びましょう！

火事《かじ》です！

できたら、１１９番《ばん》しましょう！

消防士《しょうぼうし》さんがんばれ！

消防隊《しょうぼうたい》の活動《かつどう》のじゃまにならないようにしましょう！

火事《かじ》の１１９番《ばん》のしかた 子ども

はっきり・あわてず・正確《せいかく》に！
もしもし…
１１９番《ばん》消防《しょうぼう》です。
火事《かじ》ですか？救急《きゅうきゅう》ですか？

勇気《ゆうき》をもって１１９番《ばん》しましょう！

火事《かじ》であることを伝《つた》える！
火事《かじ》です。
住所《じゅうしょ》をおしえてください。

自分《じぶん》から話《はな》さなくても大丈夫《だいじょうぶ》！
聞《き》かれたことに答《こた》えるだけ！

場所《ばしょ》がわかれば消防車出動《しょうぼうしゃしゅつどう》！
○町《まち》○番《ばん》○号《ごう》です。
何《なに》が燃《も》えていますか？
出動《しゅつどう》。
ポチッ

消防車《しょうぼうしゃ》が火事《かじ》の場所《ばしょ》へ来《こ》なくては、どうしようもありません。

聞《き》かれたことに答《こた》えるだけ！
家《いえ》が燃《も》えています。
わかりました！
消防車《しょうぼうしゃ》が向《む》かいます。

火事《かじ》の場所《ばしょ》だけでも分《わ》かれば消防車《しょうぼうしゃ》を出《しゅつ》動《どう》させられるのです。

避難《ひなん》のしかた 子ども

おはしも
ドン！
早《はや》く行《い》け！
おさない！

人《ひと》を押《お》したりすると、転《ころ》んだりして危《あぶ》ないよ！

おはしも
わ～い
走《はし》るな！

あわててはしると、転《ころ》んだりして危《あぶ》ないよ！

おはしも
ペラペラペラ
しゃべるな！

しゃべると先生《せんせい》の言《い》うことや火事《かじ》の放送《ほうそう》が聞《き》こえないよ！

おはしも
忘《わす》れ物《もの》した～
戻《もど》るな！

戻《もど》ると危険《きけん》だよ。

命《いのち》より大切《たいせつ》なものはありません！

避難《ひなん》のポイント 子ども

とにかく速《はや》く逃《に》げる！
火事《かじ》だ～逃《に》げろ～
アキャ～

助《たす》かることが一番《いちばん》大切《たいせつ》です！

低《ひく》い姿勢《しせい》で壁伝《かべづた》いに！
煙《けむり》は上《うえ》から下《した》へ降《お》りてきます。
煙《けむり》を吸《す》わないように。

壁《かべ》をさわるのは煙《けむり》の中《なか》で迷《まよ》わないようにするためです！

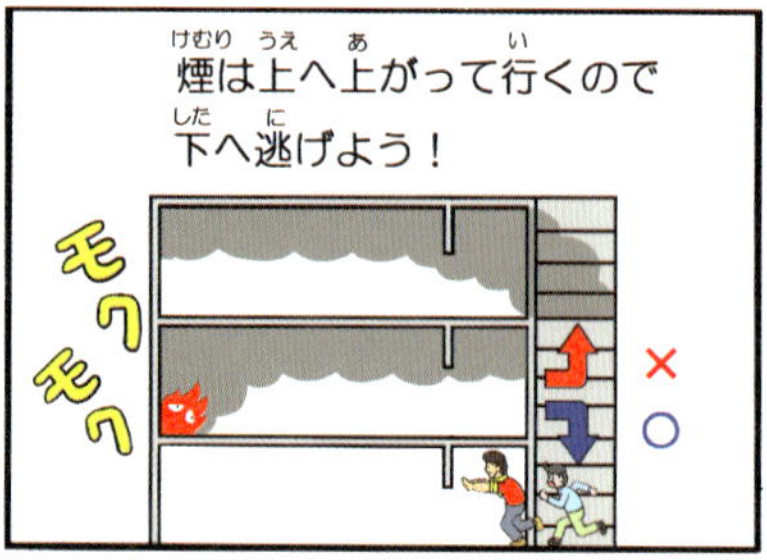
煙《けむり》は上《うえ》へ上《あ》がって行《い》くので
下《した》へ逃《に》げよう！
モクモク
×
○

火《ひ》だけではなく、煙《けむり》も上《うえ》へ上《あ》がって行《い》きます。

命《いのち》より大切《たいせつ》なものはない！
忘《わす》れものをした。
戻るな！

あなたが死《し》んでしまったら、みんなが悲《かな》しみますよ・・・

避難訓練《ひなんくんれん》 こども

ジリリリリリリ〜
ん！

火事《かじ》を知《し》らせるベルがなってもあわてない！

校長室《こうちょうしつ》が火事《かじ》です！

放送《ほうそう》があったらよく聞《き》いて、内容《ないよう》を理解《りかい》する！

ゾロゾロゾロ

先生《せんせい》の言《い》うことをよく聞《き》いて、避難《ひなん》する！

こらっどこに行《い》く！

避難《ひなん》したら、かってに動《うご》かない！

第3章
極めろレスキューテクニック！

救助

あなたは救助と言う言葉を聞いて、どのようなことを想像しますか？　一番に思いつくのは人の命を助けることだと頭に浮かぶのではないでしょうか。また、人の話を聞いて不安を解消し心を助けることも救助なのです。命と心を同時に救助して初めて、人命救助という言葉が成立するのです。

例えば救急隊が心肺停止状態の人を心肺蘇生により助けたとします。命を救っただけではまだ救助とは言えません。この人がしっかりと社会復帰を果たして初めて救助が成立するのです。

似たような言葉で、救出と言う言葉がありますが、これは危険な場所から安全な場所へ回避すると言うことです。たとえば、明らかに死亡している人を危険から回避しても救助したとは言いません。救出したと言います。このように救助という行為には、とても大切な意味が含まれているのです。

消防で一番救助に貢献しているのは、救急隊であることが分かると思います。365日救急車のサイレンの音を聞かない日はないのです。これほど救急車のニーズが高いということは、病気やけがなどの日常的な危険が一番多いからです。

あなたが目にするオレンジ色の服を着た救助隊は、あらゆる危険な場所へ突入し、人を救出することがメインになります。そのような活動を効果的に行うことができるのが、救急救命士の救助隊員なのです。

救助の流れとしては、救助隊による救出⇓救急隊による応急処置⇓医師による治療⇓社会復帰が成立して救助完了となります。あなたができる救助は、簡単な救出と応急処置なのです。

あなたの役目は、救助隊がくるまでの約8分間で、自分の安全を確保した上で、二次災害を起こさないように、無理をせずできることをすることです。搬送方法や簡単な救出など、救出した人への応急処置、119番通報、情報の収集などです。

人を助けるためには、人より体力的にも知識的にも技術的にも優れていることが条件です。そのような人は滅多にいません。救助隊でも大人数でチームワークで活動するのですから。

特別な場合以外、あなた1人で無理をして自分の命をかけてまで救助をする必要はありません。命の大切さを知るには「生き残る術」で消防士の知恵と技を学び、まずは自分の命を大切にすることから始めましょう。

救助隊《きゅうじょたい》ってこんなのだ！

救助隊《きゅうじょたい》にはランクがあるのよ。
特別高度救助隊《とくべつこうどきゅうじょたい》
高度救助隊《こうどきゅうじょたい》
特別救助隊《とくべつきゅうじょたい》
救助隊《きゅうじょたい》
1
2
3
4
ランクがアップするほど、救助資機材《きゅうじょしきざい》が高度化《こうどか》して数《かず》も多《おお》くなるのよ。
ランクアップ
1
2
3
4
ランクアップの分《ぶん》、高度《こうど》な救助《きゅうじょ》ができるのよ。
だから隊員《たいいん》も頑張《がんば》らないといけないのよ。
筋《きん》トレ。
もう1回《かい》。
訓練《くんれん》。
行《い》け〜
自力登《じりきとはん》はん
己《おのれ》との闘《たたか》い
己《おのれ》に勝《か》て！

筋《きん》トレ。
また筋《きん》トレなのね・・・
知識《ちしき》の習得《しゅうとく》！
プルプル
筋《きん》トレで手《て》が・・・
筋《きん》トレ。
筋《きん》トレ中毒《ちゅうどく》なのね・・・
実戦《じっせん》！
筋《きん》トレがやくにたつのよ！
ムキッ
救助隊員《きゅうじょたいいん》の筋《きん》トレ率《りつ》１００％。
このような日々《ひび》の鍛錬《たんれん》によって、いろいろな救助隊《きゅうじょたい》が編成《へんせい》されているのよ！
水難救助隊《すいなんきゅうじょたい》。
科学救助隊《かがくきゅうじょたい》。

航空救助隊《こうくうきゅうじょたい》。
山岳救助隊《さんがくきゅうじょたい》。
まだまだいろいろあるのよ!
消防《しょうぼう》
海上保安庁《かいじょうほあんちょう》
警察《けいさつ》
自衛隊《じえいたい》
・・・
海上保安庁《かいじょうほあんちょう》
特殊救難隊《とくしゅきゅうなんたい》。
海猿《うみざる》
警察《けいさつ》
広域緊急《こういききんきゅう》援助隊《えんじょたい》
災害《さいがい》警備活動《けいびかつどう》
自衛隊《じえいたい》
救難隊《きゅうなんたい》
人命救助《じんめいきゅうじょ》の最後《さいご》の砦《とりで》
人命救助《じんめいきゅうじょ》に国境《こっきょう》なし
消防国際《しょうぼうこくさい》救助隊《きゅうじょたい》
救助犬《きゅうじょけん》
嗅覚《きゅうかく》で探知《たんち》

救助《きゅうじょ》を要《よう》する人《ひと》がいれば、いつでも、どこでも、どんなに困難《こんなん》でも・・・必《かな》ず助《たす》けにきてくれる！
危険《きけん》から救出《きゅうしゅつ》してくれるプロ。超頼《ちょうたの》もしい奴《やつ》らなのよ♡
JAPO
ときには何日《なんにち》も捜索《そうさく》をするのよ。
手遅《ておく》れなんじゃない？
バッキャロー
尊《そん》厳《げん》
人《ひと》としての尊厳《そんげん》を救助《きゅうじょ》するためなのよ〜
さぞかし高額《こうがく》なお手当《てあて》をもらっているんでしょ？
プル
プル
プル
缶《かん》コーヒー1本分《ぽんぶん》なのよ！
ムカッ
コ・ノ・
ヤ・ロ・ウ
ペッ
ペッ
缶《かん》コーヒー1本《ぽん》で他人《たにん》のために危険《きけん》に立《た》ち向《む》かうのよ！
人《ひと》の命《いのち》はお金《おかね》にかえられないのよ！

この搬送方法は、子どもや体重の軽い人であれば、この態勢から抱え上げることで、「横抱き搬送」へと発展させることができます。

また、救助者2人で負傷者の両サイドから支持することで、負傷者の負担を軽減することができます。

さらに、その態勢から、救助者同士が傷病者の膝裏に手を差し込み、抱え上げることで「向い抱き搬送」へと発展させることができます。

余談ですが、この態勢から救助者が負傷者の腰を抱え込むことで、プロレス技の「バックドロップ」の態勢を取ることができます。

支持搬送

意識障害がなく、下肢の負傷などで起立歩行の困難な傷病者に対する搬送法だよ。
一方の手で腕を肩に回して保持するんだよ。
もう一方の手で腰部(ベルト)を掴み、傷病者の負傷部位に体重がかからないようにするんだよ。
支持する者が松葉杖の役割をするのです。

署長っ飲み過ぎですよ。
飲み会でよく見かけるね！

背負い搬送1

傷病者を仰向けに寝かせ、柔道技の一本背負いのような形を取ります。
傷病者が立てない場合に床から背負います。

救助者が傷病者の下に潜り込むようにして、うつ伏せになります。

傷病者を背中に乗せながらうつ伏せになります。

意識レベルの悪い傷病者は、脱力しているので、微調整をしながらバランスを取りましょう。

傷病者が落ちないように態勢を整えます。

態勢が整ったら、あわてることなく、慎重に立ち上がる準備をしましょう。

傷病者の腕を肩にかけて立ち上がります。

傷病者がずり落ちないように、傷病者の重心を意識しながら、立ち上がりましょう。

背負い搬送2

立ち上がり前傾した形を取る。

傷病者の腋に、救助者の肩がしっかりと入り込むようにしましょう。

傷病者の位置が安定したら、腕を外側から膝の下に通し太ももを抱える。

傷病者の両太ももの裏に手を入れ込み、態勢を整えましょう。

背負えたら傷病者の両腕を平行にして手首を握って搬送する。

傷病者の両手首をしっかりとつかみ、態勢を固定しましょう。

または、交差させ手首を握って搬送する。
意識レベルが悪い傷病者や骨折や内蔵損傷が疑われる傷病者には適しません。

または、傷病者の腕を交差してしっかりと態勢を固定しましょう。

横抱き搬送

一方の手で
傷病者の背部を、
もう一方の手で
膝裏を抱える。

子どもや体重の軽い傷病者の搬送に適した搬送方法です。

傷病者を持ち
上げたら、膝の
上に乗せて態勢
を安定させる。

傷病者に協力を求め、しっかりと首に両手を回してもらいましょう。

立ち上がったら
膝裏と背部をし
っかりと抱えて
搬送する。

態勢が整ったら、女子憧れの「お姫様抱っこ」の完成です。

ギックリコ
腰高で腕が伸びて
いると、力が入りに
くく腰に負担がかか
るので注意しよう。

救助者が2人いるのであれば、無理をせず、「向い抱き」搬送に変更しましょう。

ファイヤーマンズキャリーですか・・・私は火災現場で、やったことはありません。見たことも救助したとかも、聞いたことはありません。

どこの消防士が火災現場で、この搬送方法を使うのでしょうか？　火災現場では、煙の中で消防士は、防火服・防火ヘルメット・防火手袋などの装備に加え、呼吸保護のための空気呼吸器を背負っています。20キロ近い重装備でこのような搬送は合理的ではありません。この搬送方法は、見栄えが良く映画のシーンで、ヒーローを演じるときには良い方法だと思うのですが・・・。

ファイヤーマンズキャリー

傷病者の正面に立ち、傷病者の一方の手首を握りもう一方の手で太ももを抱える。
足を開き傷病者の腰より低い姿勢になり、手首と太ももを抱えたまま立ち上がる。
傷病者の骨盤を肩の上に乗せてバランスを取る。
照明器具等を携行したり、手すりをつかんだりできるようにする。
一方の手で傷病者の太ももと腕を抱え、もう一方の手を空けておく。

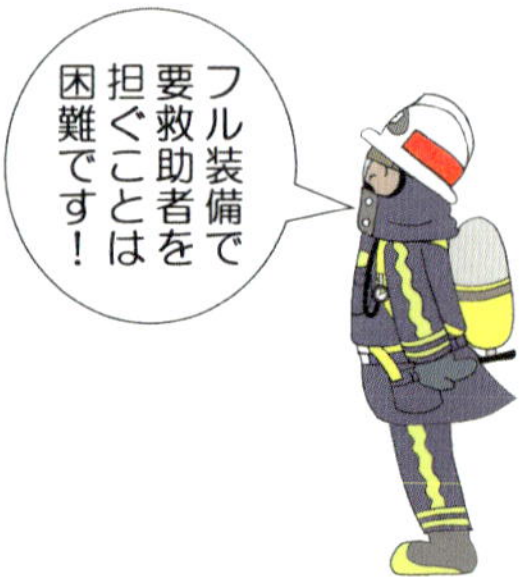
フル装備で要救助者を担ぐことは困難です！

4コマの前屈搬送は、傷病者の腕をつかみますが、搬送中に手が離れたり救助者の腋が開き傷病者との間隔が開いて、バランスが悪くなったりすることがあります。

私の経験上、前屈搬送を確実に行う方法として、傷病者がベルトをしているのであれば、腕をつかむのではなく傷病者の前面に位置するベルトをつかみます。手が離れるリスクを減らし引き付けることができるので、傷病者をしっかりとホールドして搬送することができます。

また、傷病者を低い位置から引きつけ、より立たせることができるので、救助者の腰への負担が軽減されます。

前屈搬送

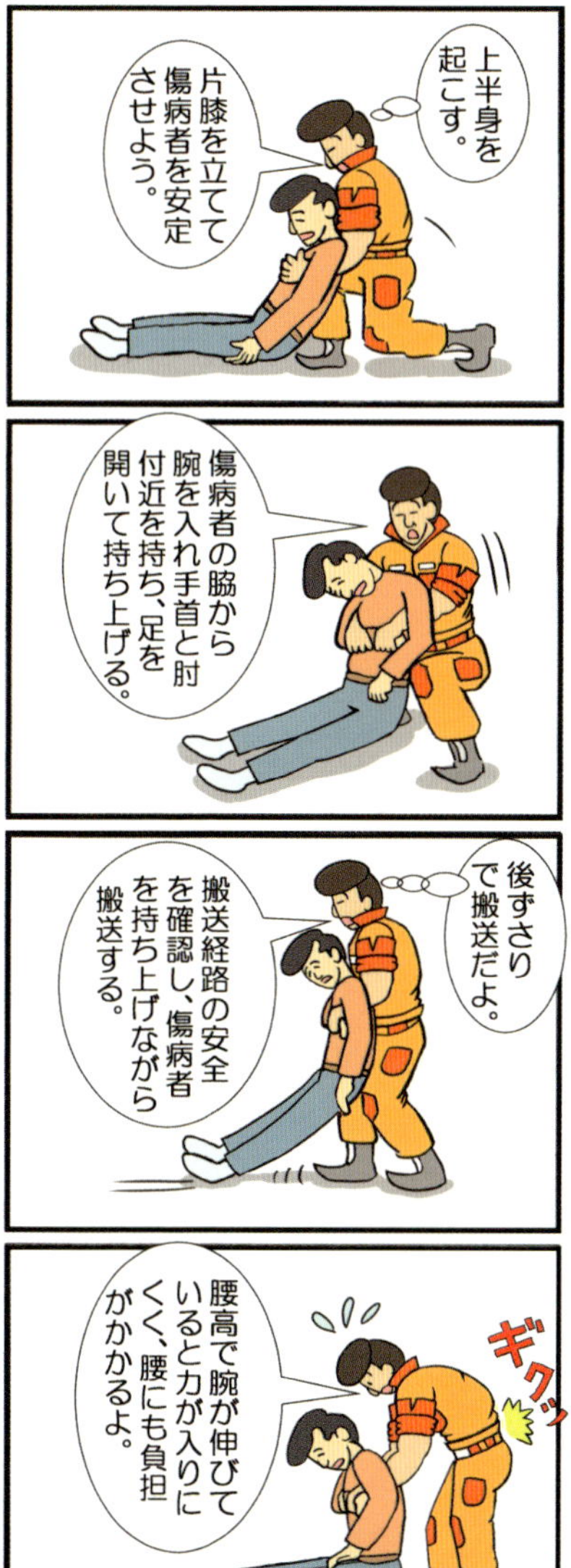
上半身を起こす。
片膝を立てて傷病者を安定させよう。
傷病者の脇から腕を入れ手首と肘付近を持ち、足を開いて持ち上げる。
後ずさりで搬送だよ。
搬送経路の安全を確認し、傷病者を持ち上げながら搬送する。
ギクッ
腰高で腕が伸びていると力が入りにくく、腰にも負担がかかるよ。

こんな所で泥酔して・・・安全な所に移動させよう。

シーツや毛布と言えば、就寝中や寝たきりの高齢者などが想像できますね。緊急の場合、このような傷病者を搬送するには、シーツや毛布をそのまま使用すれば、迅速に搬送することができます。

シーツや毛布を担架の代わりにして、引きずったり抱えたりして搬送することができるのです。

また、敷布団であれば厚みがあるので、段差や階段などでも傷病者への身体的な衝撃を少なくして、1人でも引きずりながら搬送することが可能です。ただし、床面の障害物に敷布団が引っかかるなどの障害に注意しましょう。

シーツ・毛布等で搬送

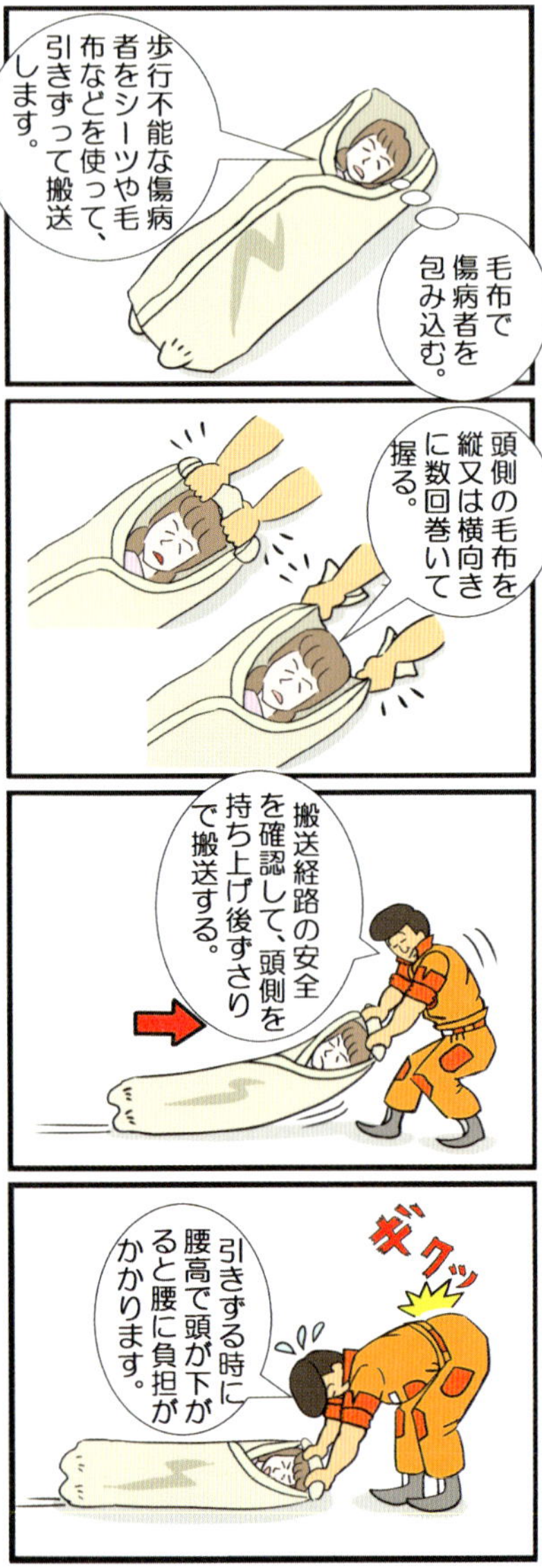
歩行不能な傷病者をシーツや毛布などを使って、引きずって搬送します。
毛布で傷病者を包み込む。
頭側の毛布を縦又は横向きに数回巻いて握る。
搬送経路の安全を確認して、頭側を持ち上げ後ずさりで搬送する。
ギクッ
引きずる時に腰高で頭が下がると腰に負担がかかります。

雪の中での救助と同じ要領だね！

この搬送方法は、救助者にかかる肉体的負担が、均等ではありません。足側の救助者の負担は軽く、頭側の救助者の負担は重くかかります。力の強い救助者を頭側に配置しましょう。

要救助者を持ち上げるときに、頭側の救助者が遅れると、傷病者の頭が下がり負担となるため注意しましょう。

しかも、頭側の救助者の腰への負担も増します。頭側の救助者がリーダーシップを取って、声を出して「1、2、3」で持ち上げるようにしましょう。

また、階段や急な坂道などの高低差があるところでは、足側の救助者が足の高さを調整してバランスを取るようにしましょう。

前屈2人搬送

歩行不能な傷病者を搬送する手段です。
傷病者の腋に腕を差し込み肘の付近と手首をつかむ。
足側の救助者は傷病者の足を交差させ両手で抱える。
救助者2人が同時に傷病者を持ち上げる。
頭側が遅れて下がってしまうと、傷病者に負担がかかるので注意しよう。
救助者2人の準備ができたら歩幅と歩調を合わせて搬送する。

坂道や階段などは、足側の救助者がバランスを微調整しましょう。

この搬送方法は、救助者が2人で向かい合う形で、傷病者を搬送するので、救助者の身長に差がありすぎると、バランスが悪くなるので、同じくらいの身長の救助者で行うと良いでしょう。

立ち上がるときは、2人が同時に立ち上がらないとバランスを崩し、片方の救助者への負担が一気に増すので、気をつけましょう。どちらか1人がリーダーシップをとって、声を出して「1、2、3」で立ち上がりましょう。

また、搬送するときは、歩幅と歩調を合わせ、足の運びを左右対称にすると、揺れを少なくしてスムーズに搬送できます。

向い抱き搬送

救助者2人が向かい合い、一方の腕を交差させ相互の肩を握る。
一方の腕も交差させ、相互の手首を握り低い姿勢をとる。
傷病者に組んだ腕の中に座ってもらう。
救助者の肩をつかんでもらおう。
救助者2人が同時に立ち上がる。
歩調を合わせて搬送しよう。
後ろはこんな感じです。
意識障害が無く歩行不能な傷病者を搬送する方法だよ。

救助大会の「ほふく救出」搬送と同じ!

襟首をつかんで搬送

この搬送法方は、迅速性を最優先にした搬送方法で、1秒を争うような緊急時に使用されます。火災の際に煙の中で倒れている要救助者を、1秒でも早く救出するために、とにかく要救助者のつかめるところをつかんだら引っ張って搬送するのです。

少々荒っぽいのですが、命に替えることはできません。搬送方法というよりは、「緊急救出方法」と言った方が似合っています。

なぜなら、長い距離を搬送するわけではなく、危険な場所から安全な場所へ、一時的に短い距離を移動させるための方法だからです。安全な場所から態勢を整えて、要救助者に適した搬送方法で搬送すれば良いのです。

あっ、大変だ！
火災現場などで緊急に要救助者を危険から回避する方法です。
要救助者の襟首をつかむ。
ガシッ
引きずって安全な場所へ救出。
ズルズルズル
危険から1秒でも速く救出する方法なのです。

とにかくつかんだら引っ張る！
水難救助で使うヘッドキャリーじゃ。

この搬送方法は、ロープで傷病者をしっかりと背負い固定することができるので、救助者の両手が使えるのがメリットです。

障害物を避けたり・荷物を持ったり・夜などは懐中電灯を携行したりできます。

ただし、傷病者は細いロープが膝の裏側に食い込むため、痛さに弱い人は苦痛になるかもしれません。タオルなどを膝の裏とロープの間に当てると痛みを軽減することができます。

ロープより、赤ちゃんをおんぶするときの背負い紐や、介護現場などで使用する背負いハーネスなどがあれば便利ですよね！

ロープによる背負い搬送

5ｍくらいのロープを使用します。

両腕を上げてください。

傷病者の両脇にロープを通す。

傷病者を背負い胸の前でロープを3回ひねる。

ロープを傷病者の両膝の下に通し、腹の前にあるロープに通す。

ロープの両端末でしっかりと本結びを作る。

山などの長距離救助に適しています。

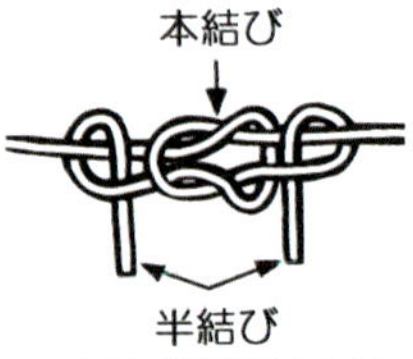
本結び
半結び

・本結びが解けないように半結びをします。

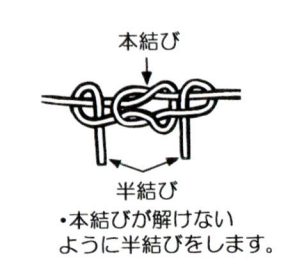

この搬送方法は、毛布の上に傷病者を乗せて、複数の救助者で搬送します。

　この搬送方法を使用する場面を想像したときに、どのような場面が頭に浮かんできますか？　ただ搬送方法を知っているだけでは、役に立ちません。その場面にあった搬送方法を選択できる力が必要です。

　例えば、寝たきりの高齢者をシーツごと、そのまま搬送することができます。私自身も病院の火災で、7人の寝たきりの入院患者を4階から警察官と協力して、屋外の安全な場所へ救出したことがあります。

毛布等を使った担架搬送

傷病者を毛布の上に寝かせる。
毛布の両端を丸めて、取っ手を作る。
クルクルと丸めよう。
クルクル
クルクル
クルクル
クルクル
しゃがんだ姿勢から丸めた毛布を両手でつかむ。
しっかりとつかもう。
1、2、3で救助者全員が同時に立ち上がる。
傷病者の足側へ搬送する。

救急隊が使う布担架みたいだね！

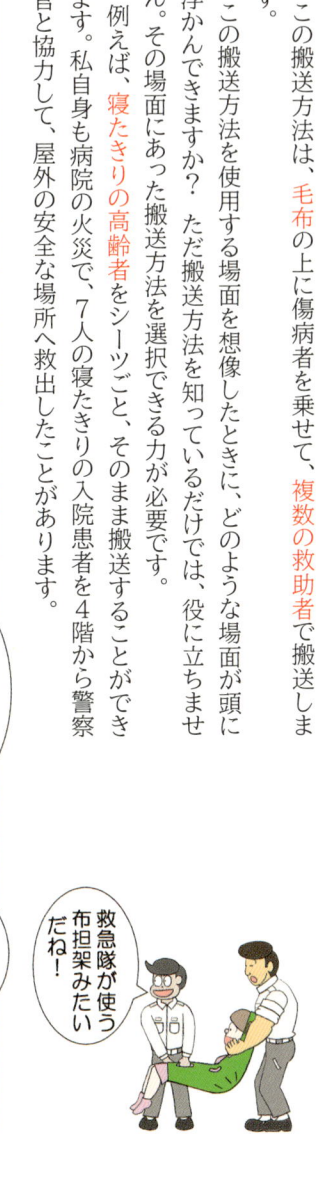

この搬送方法を行うには、毛布1枚と棒2本が必要なので、家庭内で何が使えるのかを、確認しておくと良いでしょう。

傷病者を乗せて担架を持ち上げるときは、傷病者の頭側が低くならないように、頭側の救助者がリーダーシップを取り、声を出して「1、2、3」で救助者2人が同時に持ち上げましょう。

搬送するときは、歩調をそろえて揺らすことなく進みましょう。

傷病者の足側方向に搬送するのが基本ですが、階段の上がりや急な坂道では、傷病者の頭が下がるので、頭側から搬送することも考慮しておきましょう。

毛布と棒で担架搬送

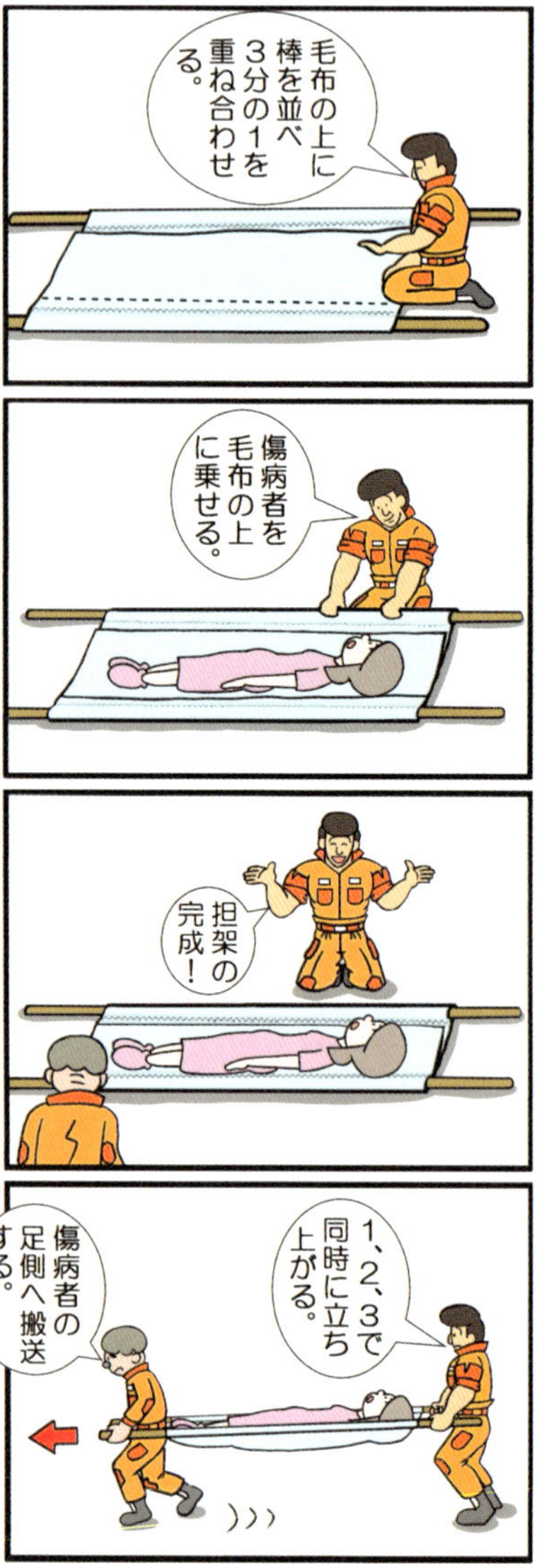
毛布の上に棒を並べ3分の1を重ね合わせる。
傷病者を毛布の上に乗せる。
担架の完成！
1、2、3で同時に立ち上がる。
傷病者の足側へ搬送する。

消防団の担架搬送と同じですね。

衣服と棒で担架搬送

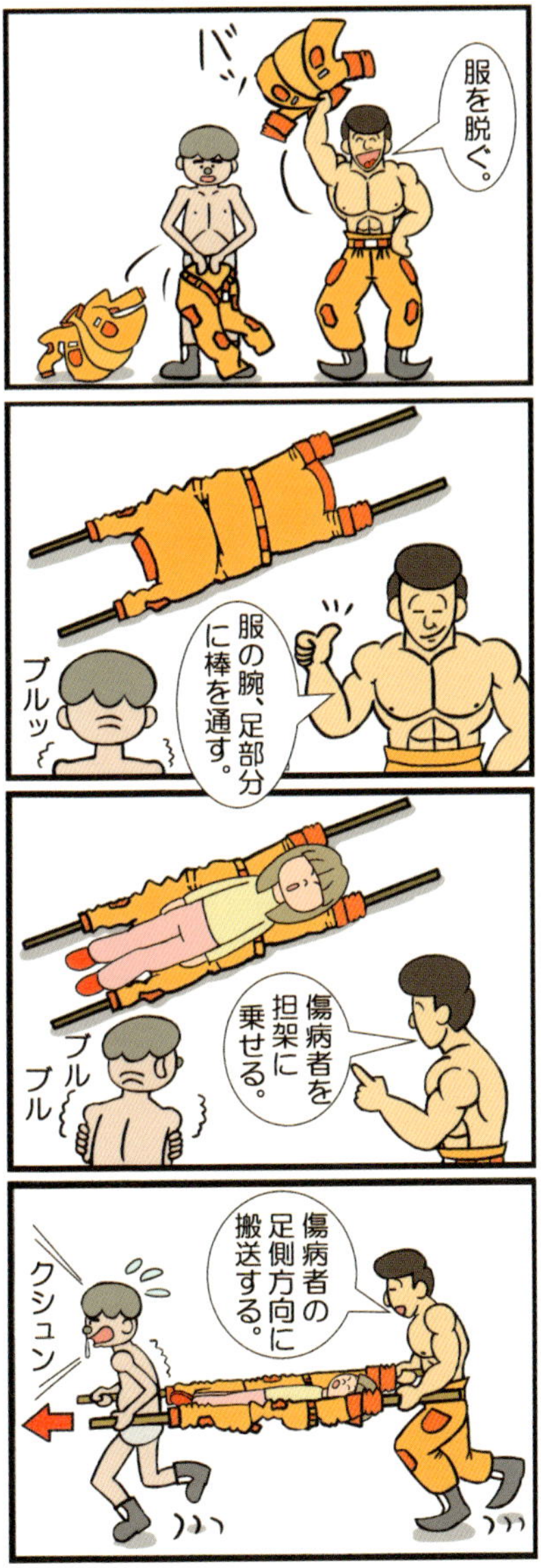
バッ
服を脱ぐ。
服の腕、足部分に棒を通す。
ブルッ
傷病者を担架に乗せる。
ブルブル
傷病者の足側方向に搬送する。
クシュン

この搬送方法は、2本の棒に服を通して担架を作成します。救助者が多くいれば、上着だけで十分ですが、4コマのように救助者が2人の場合などは、ズボンを脱いで使用することもあります。

また、棒を上着に通すときは、上着を脱ぐ救助者が2本の棒の端をそれぞれの手で持ちその状態から、もう1人の救助者に上着を脱がせてもらうと担架の作成ができます。

全ての上着がそのような方法で脱げるわけではないので、1コマ目のように一旦脱いで、分かりやすい方法で担架を作成しましょう。

その前に要救助者の着衣を皆でつかんで搬送すれば簡単です！

棒がないと…
こんなこと本当に実戦ですると思う？

この搬送方法は、背もたれのある椅子を使い、意識のある歩行困難な傷病者の搬送に適しています。

救助者が1人の場合は、背もたれ側に位置し、椅子を後ろへ傾け前側の足を浮かせ、背もたれを引っ張りながら搬送することができます。床に傷がついてしまいますが、緊急対応なので仕方ないですね。しっかりとした強度のある椅子でないと、足が曲がったり折れたりするので注意しましょう。キャスター付の椅子であれば楽ちんですよ！

階段での搬送は、傷病者の転落を防ぐため、背もたれ側を下り方向に位置するように搬送しましょう。

椅子で搬送

傷病者を椅子に座らせる。
救助者が傷病者の両横に付く。
1、2、3で同時に持ち上げる。
傷病者が前向きでも…
後ろ向きでも搬送できる！

この形は家具などの搬送に便利だね！

挟まりレスキュー

挟まりレスキューの特徴として、その多くは指や手・足などの、身体の一部分をドアや引き出し・柵などで挟むことが多く、緊急性がないものが多いのです。その原因のほとんどが、本人の不注意なのです。

しかし、機械に挟まるなどして、巻き込まれたり、引っ張られたり、プレスされたり、危険なパターンもあるので注意しましょう。

また、身体全体が挟まる事故は、子どもに多く、遊んでいて狭い隙間に入り込んだり、好奇心から配管の中に入り込んだり、大人ではあり得ない行動を取ってしまうので、大人が注意しましょう。

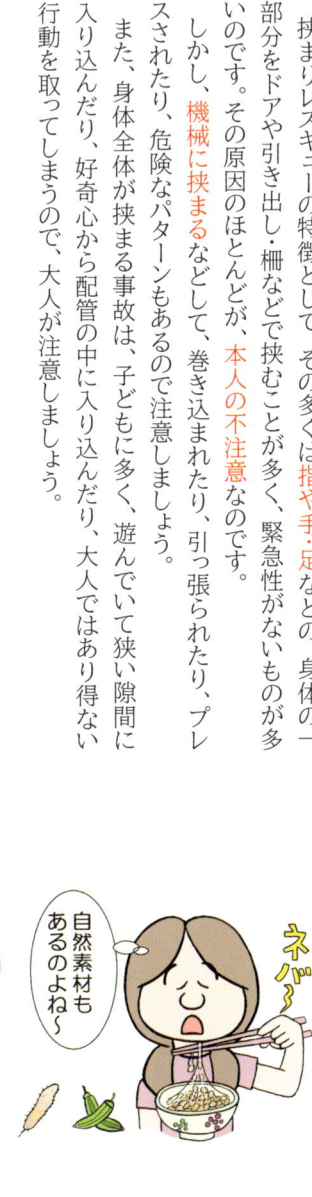

てこの原理でレスキュー

てこの原理

A＝支点から力点までの距離
B＝力点にかかる力

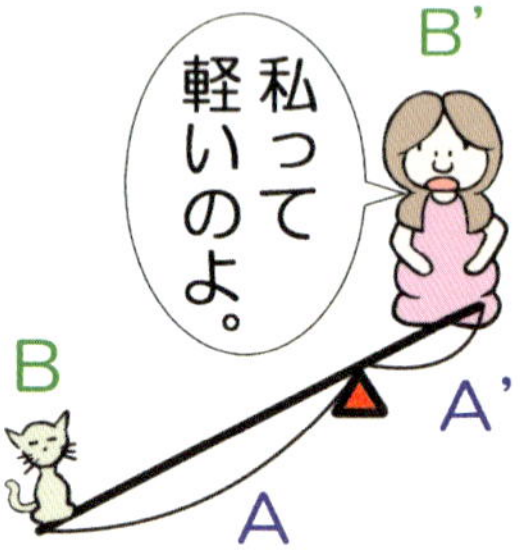

公式
AB＝A' B'

・力点にかかる力が小さくても、支点から力点までの距離が長ければ、大きな力を発揮できます。

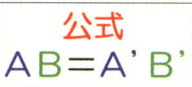

毛布でレスキュー

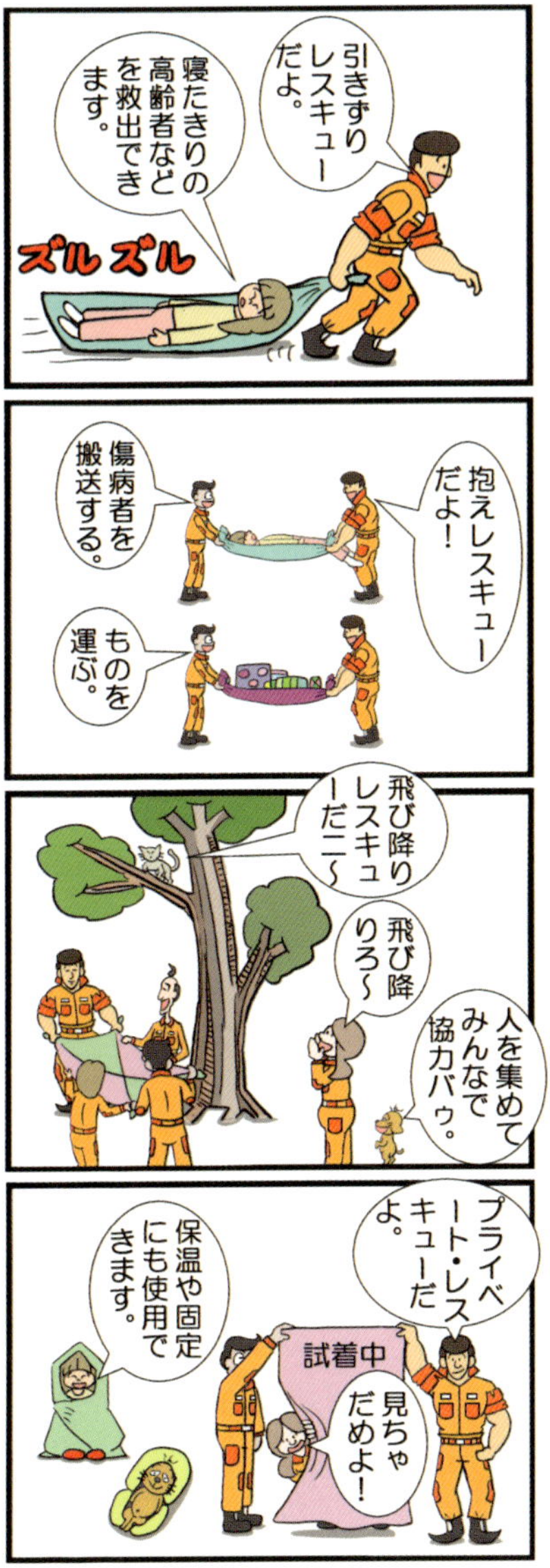
引きずりレスキューだよ。
寝たきりの高齢者などを救出できます。
ズルズル
抱えレスキューだよ！
傷病者を搬送する。
ものを運ぶ。
飛び降りレスキューだニ～
飛び降りろ～
人を集めてみんなで協力バゥ。
プライベート・レスキューだよ。
試着中
見ちゃだめよ！
保温や固定にも使用できます。

どこの家庭にでもある毛布ですが、4コマのように、いろいろなレスキューに役立つものです。要救助者を乗せて引きずって搬送したり、担架の替りをしたり、ものを運んだり、クッションの替りをしたり、プライベートを保護するための目隠しをしたり、保温や固定をしたり、いろいろな用途に使用できます。

皆さんも1枚の毛布を囲んで、どのようなことができるのかを考えてみてはどうでしょうか？ もっと違ったアイデアがでてくかもしれません。

毛布レスキューは、生活の知恵レスキューなのです。

首の固定もできるのよ。

人梯は、はしごや脚立などの道具を、一切使うことなく行うレスキューテクニックなのです。それには、人と人の信頼関係とチームワークがなければ行うことはできません。

いきなり見ず知らずの人と人梯を組んで、レスキューをすることは困難です。たまたま、お互いが消防士で同じ認識と経験を持っていれば可能ですが、ほとんどの人は経験0か、あっても運動会の組み体操程度の経験だと思います。しかも、人を支える力と転落しないためのバランス感覚など、個人の身体的な能力と、それを結集して人梯を完成させる協調性が必要になります。

人梯

人梯を組むことで手の届かない所の作業ができます。
こらっ。
肩車だよ。
こらっ。
もっと高く。
肩に立たせる。
手で押し上げる。
救助隊員が高い塀を乗り越えるんだ！
これも人梯なんです！
ワーワー
スペインの「人間の塔」
世界無形文化遺産です。

人梯（じんてい）とは、人のはしごのことです。

交通事故に遭遇したら、まずは負傷者の負傷状態を確認して救護を行いましょう。

次に、二次災害の防止をしましょう。交通事故は事故が事故を呼ぶ危険な現場なのです。消防と警察に通報しましょう。

要救助者が閉じ込められていたり、挟まっていたりしたら、その状況を詳しくレスキュー隊に伝達してください。事故を見たのであれば、そのときの状況を伝達してください。

レスキュー隊が到着するまでは、4コマのような活動ができますので、何かやれることがあれば、頑張ってください！

交通事故レスキュー

二次災害防止
エンジン停止。
パーキングよし！
現場の状況を確認して二次災害防止。
車内に閉じ込められていたら・・・
出してくれ～
まずは、変形していないドアを開けよう。
ドアがロックされていたら・・・
ガラスを破壊してロックを解除する。
人から離れたガラスを破壊する。
挟まれていたら・・・
ハンドルを上げる。
背もたれを倒す。
下肢や腹部を挟むことが多いのです。
シートベルトを解除。
座席をさげる。

あなたにできること！
1 エンジン停止・パーキング
2 開口部の確認
3 電気・バッテリーの遮断
4 車輪止め
5 燃料やオイル漏れの確認

飲み過ぎ注意。
覚え方は、エン開電車燃「宴会で死ね」じゃ！

あなたは愛する人を助けるため、建物内へ進入しなければならないときどうしますか？ ドアや窓が開いていればそこから進入すれば良いでしょう。

施錠されていたらどうしますか？ 合鍵があればいいのですが、なければ鍵屋を呼んで開けてもらいますか？ 緊急時にはそんな時間はありません。

ドアや窓の鍵を解除したり破壊して進入するしかありませんね。

破壊は迅速性を優先し簡単に破壊し進入することができる開口部を選択しましょう。それには修理費用も安い窓ガラスが一番適しています。

進入してみたら外出していただけとか寝ていただけとかありますので・・・

ドアの開放

チエーンロックの解除。
①
テープでボタンを止める。
②
テープでゴムを止める。
③
ロックが上がる。
④
ドアを閉める。
紐を使った方法も・・・
力技！
ドアを閉め紐を引く。
U字ロックの解除1。
①
U字にゴムを掛けテープで止める。
②
ドアを閉める。

U字ロックの解除2。
①
U字に紐を掛けドアの上部から出す。
②
ドアを閉め紐を引く。

人を助けるための技術なのよ、悪用してはだめよ！

どうやら人が家の中で倒れているようです。家の中に入ろうにも鍵がかかっていて入ることができません。あなたならどうしますか？

窓を開放したりガラスを破壊することが簡単かつ経済的な方法です。

1コマ目のように、振動を与えるだけで鍵が開くことがあります。

2コマ目のように、小窓などが開いたままになっていればネジを外すことで開口部を作ることができます。

3コマ目のように、ガラスを破壊する方法がポピュラーです。

4コマ目のように、臨機応変に玄関先のガラスを破壊してドアを開放する方法もあります。

窓の開放

ガタガタガタ
古い型の鍵なら力業で・・・
工具でネジを外す。
パリン
破壊は最小限に！
状況判断が大切だね。

ドアホーンや携帯電話での確認もするのよ。

110番通報を忘れずに！

シャッターのむこうにあなたの愛する人が閉じ込められています。

シャッターには鍵がかかっていて開けることができません。鍵があれば良いのですが・・・愛する人を助けるにはシャッターを切断するしかありません。

予備知識としてシャッターのカギの仕組みを理解しておくことが必要です。切断器具を使用するときは露出部分を少なくし防塵メガネや手袋を着装しましょう。火の粉が飛び散るので注意しましょう。スラットを抜くときは手を切らないように注意しましょう。

切断したスラットを新しいものと交換すれば元通りです。

シャッターの開放

シャッターの内側はこんなのよ。
……を切断するのよ。
ギョーン
スラット
スラットを抜いて行くのよ。
鍵を解除するのよ。
カチッ
カチッ

消防隊専用水圧開放式シャッターもあります。
消

エレベーター閉じ込め脱出

連打
連打
連打
プッシュ！
ポチッ
エレベーターが止りました。
閉じ込められました。
長期戦に備え体調管理が大切です。
水
除菌
非常用

エレベーターに閉じ込められたらどうしますか？

1コマ目のようにまずは落ち着いて、各階のボタンを全て押しましょう。最初に止まった階で扉が開けばすぐに降りましょう。行き先が違うといって乗っていると、また閉じ込められることになりかねません。

2コマ目のように非常用インターホンのボタンを押して、外部と連絡を取りましょう。

3コマ目のように携帯電話で119番通報をしましょう。

4コマ目のように非常用アイテム（水・非常灯・簡易トイレ・ポンチョなど）があれば活用しましょう。

非常時連絡先

エレベーター管理
○○○-○○○○
△△エレベーター

1階ロビーやエレベーターの近くに掲示しています。

ガス漏れが発生し人が倒れています。あなたはどのような手順で救助しますか？

1コマ目のように、爆発防止のため火気の使用を止めましょう。換気扇や照明の使用はスイッチで火花を散らします。

2コマ目のように、窓やドアを開けて換気をしましょう。

3コマ目のように、ガスの元栓を止めましょう。

4コマ目のように、安全で新鮮な空気のある場所へ救出したら救護をしましょう。意識の確認を行い最悪の場合は心肺蘇生法を実施しましょう。

ガス漏れレスキュー

GS
GS
GS
ピピピピピ
火気厳禁
GS
GS
GS
ガスを外に出そう。
キュッ
ガスの元を絶とう。
大丈夫ですか？
観察を継続しよう。

一酸化炭素中毒に注意が必要です。

感電レスキュー

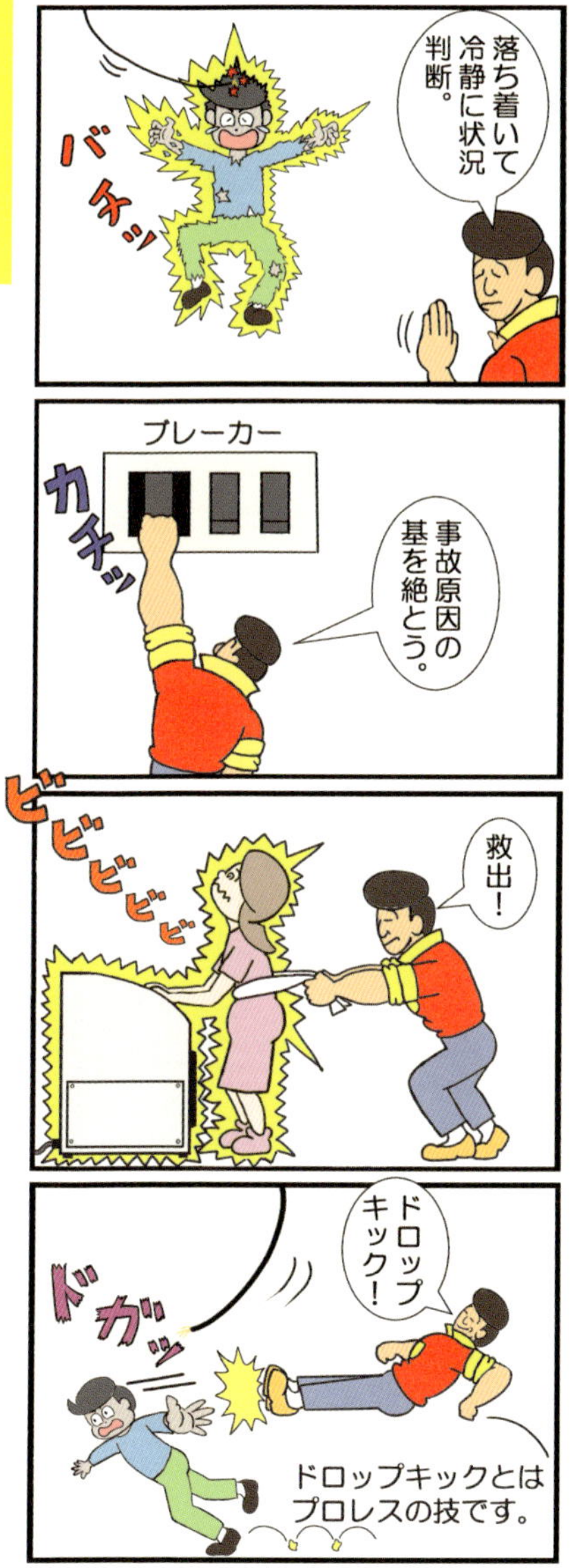

感電している人を救出するにはどうしたら良いのでしょうか?

1コマ目のように、まずは感電している人に触れたり近づいたりしないことです。二次災害を防止して自分の安全を確保しましょう。

2コマ目のように、ブレーカーをオフにして電源を遮断しましょう。

3コマ目のように、絶縁物(タオルや木の棒など)を使用して感電している人を引き離しましょう。

4コマ目のように、跳び蹴りで感電している人を引き離しましょう。

この方法は片足が地面に接地していると自分も感電しますので注意が必要です。

火災が発生してあなたの愛する人が部屋の中に取り残されています。あなたは愛する人を助けようと部屋の中に入ろうとしています。しかし、あわててドアを一気に開けるとどうなりますか?

新鮮な空気が一気に部屋内に入り込み、爆発的な燃焼を引き起こし開口部から火炎の吹き返しが起り、あなたの命までも危険にさらすことになるのです。自分が助からないと愛する人を助けることはできないのです。

4コマのように一つずつ危険要因を確認し安全を確保しながらドアの開放をしましょう。そして消火器を忘れないように!

熱気が強く部屋に入れない時は・・・
ドアの隙間から消火器を放射!
消火器

火災室からの救出1

ドアを上から下へとさわり、熱気の確認をする。
火災の熱気は上の方が熱いのです。
ドアが開くのかを確認する。
たすけて〜
カチャ
カチャ
開口部の正面に位置しないように静かにドアを開ける。
少しだけ開けて様子を伺う。
低い姿勢で内部を確認する。
吹き返しなし!

火災室からの救出２

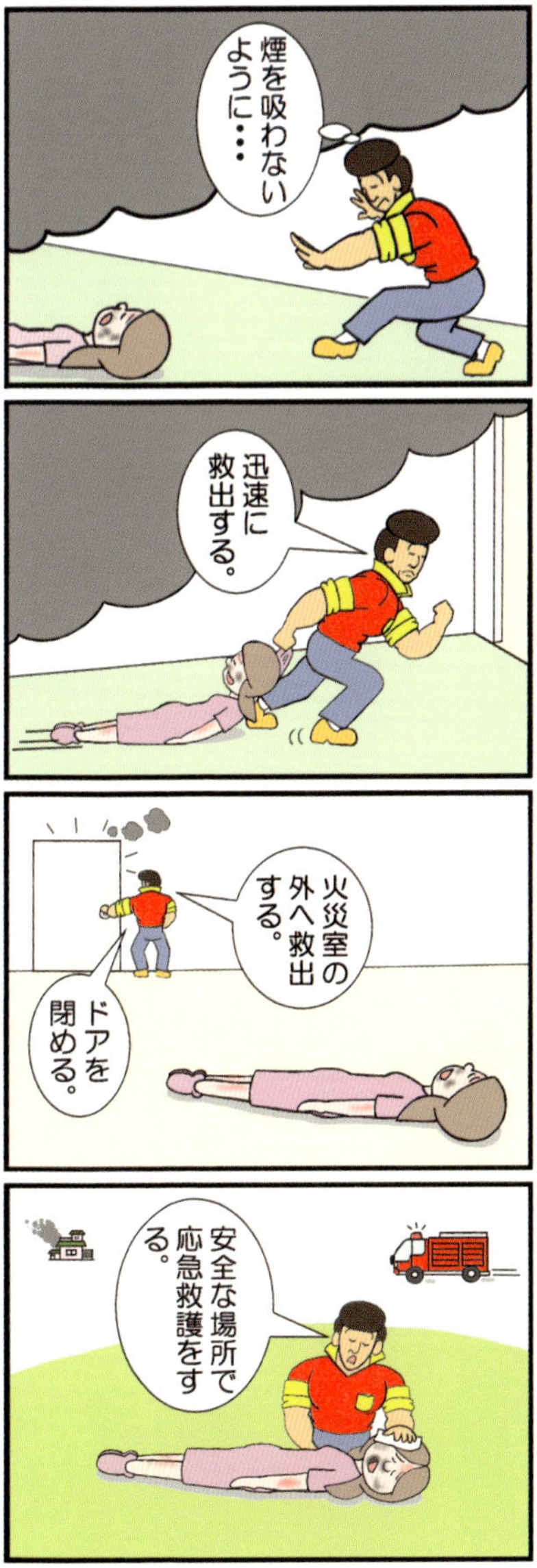
煙を吸わないように・・・
迅速に救出する。
火災室の外へ救出する。
ドアを閉める。
安全な場所で応急救護をする。

室内の状況が把握できたら、ドアが勝手に閉まらないようにして救出経路を確保する。避難のときと同じように低い姿勢で煙を吸わないように救出へ向かう。

要救助者をつかんだら救出開始！とにかくどこでもつかんだら救出すること。１秒の遅れが二次災害へとつながる非常に危険な場面なのです。

室外へ救出したらドアを閉めて火災の延焼を防止しましょう。

要救助者を安全な場所へ搬送し応急救護をする。時間の経過とともに症状は悪化していくので継続した観察が必要です。

火傷・けが・気道熱傷・一酸化炭素中毒などに注意するのよ。

レスキュー

私達の身近で起こりうる山岳レスキューは、**日帰りの山登り**のレベルでの**遭難・転落・滑落・急病**などの事故がほとんどです。登山道や遊歩道が整備された身近な山ほど、人が気軽に行くことができるからです。身近な山だからと甘くみたら、4コマのような大変な目に遭うことになります。

遭難してヘリコプターの音がしたら、上空から見える開けた場所で手を振る・白いタオルやシャツを振る・木を揺らすなどをして、**居場所を知らせ**ましょう。

日が暮れる・雲や霧で視界が悪い・強風などのときは、ヘリコプターは基本的には飛びませんので、焦らずに待ちましょう。

山岳レスキュー

楽しいハイキングが・・・
山を甘く見たため・・・
道が分からない・・・
ここはどこよ?
さらに困ったことに・・・
足首を捻挫した～
そして、夜になってしまった！
お～い助けてくれ～
山を甘く見るんじゃないぞ！

電波の届く場所で119番通報し、むやみに動かないのよ。

溺水レスキュー

浮くものを投げる。
浮き輪、クーラーボックスなどを投げる。
ロープで繋ぐのだ。
長いものを差し出す。
竿や棒などを差し出す。
釣れんなぁ。
人を集める。
*ヒューマンチェーンで救出だ。
手を離しちゃダメよ！
一人で飛び込むのは自殺行為。
人を集めてロープで確保します。
ふぎゃ〜
ピーン

川で人が溺れているという内容で水難救助出動、隊員は救命胴衣を着装、浮き輪とロープを準備。現場到着、ロープを付けた隊員が浮き輪を持って川へ飛び込み要救助者を確保、陸上隊員がロープを引き寄せ救出完了。

現実は違います。レスキュー隊が到着したときには、既に救助済みか岸辺に確保されているのがほとんどです。でなければ、沈んでいるか浮いているかです。

いかにバイスタンダーの役割が重要であるかが分かると思います。

しかし、無理をしてはいけません溺れている人は藁をもつかむというように、抱きついてきますので、自分の命が危なくなる危険があります。

＊ヒューマンチェーン
救助者がお互いの手首をしっかりと握り合う。

身近で起こりうる事故で、酸素欠乏事故ほど恐怖を感じるものはありません。救助に向かう隊員は、呼吸保護のため空気呼吸器などを着装し、危険の中へ突入して行くのです。しかも、活動時間も限られる中、目に見えない恐怖に打ち勝たないと、要救助者を救出することはできません。

突入した隊員は、自分自身と酸素濃度測定器の数値のみを信じて活動するしかないのです。

酸素欠乏事故はレスキュー隊でも、凍り付くような恐怖を感じる危険な現場ですので、皆さんは、不用意に2コマ目のように、のぞき込むようなことは、決してしないようにしてください。

酸素欠乏レスキュー

事例 マンホール内での酸素欠乏事故
どうしましたか？
この中で人が倒れています。
危険
覗いちゃダメ！
酸素欠乏確認。
ピピッ
大丈夫ですか？
空気呼吸器を使って進入。
マンホール救助器具を使って引き揚げます。
救出完了！
危険

酸素欠乏危険場所
・地下室
・工事現場
・ピット内
・密閉された空間・・・

酸欠危険
関係者以外立入禁止
酸素濃度測定
18% 以上

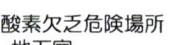

車内からの脱出

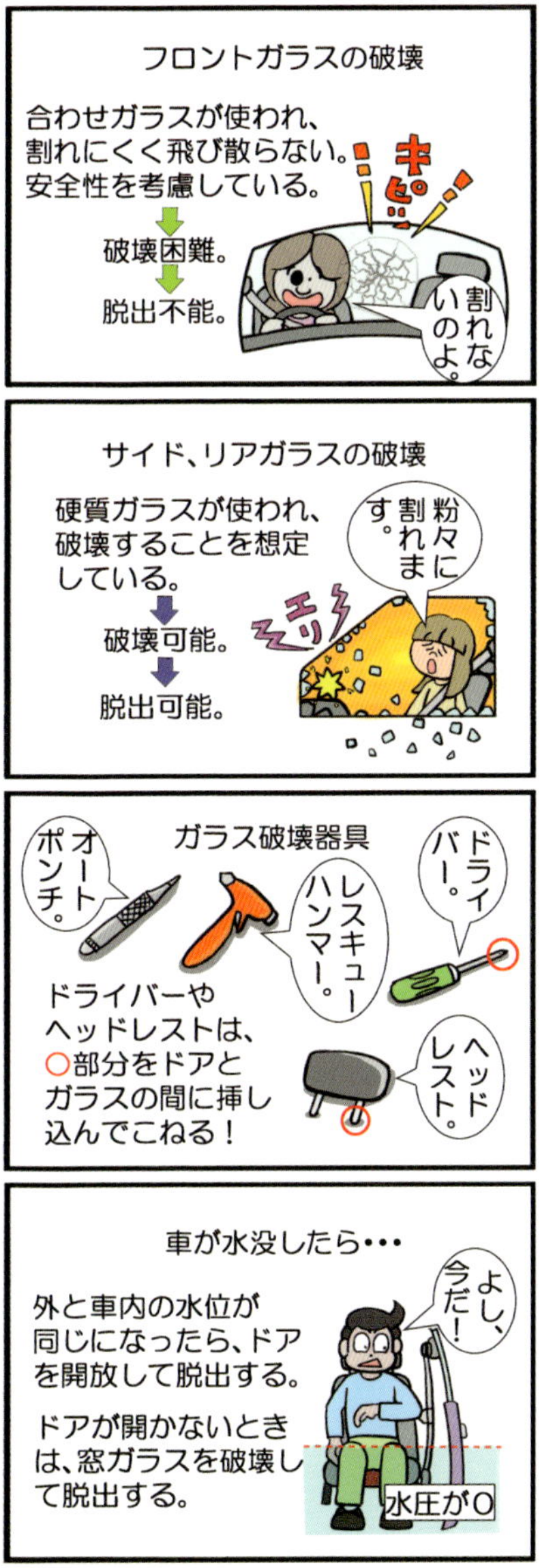
フロントガラスの破壊
合わせガラスが使われ、割れにくく飛び散らない。安全性を考慮している。
破壊困難。
脱出不能。
割れないのよ。
サイド、リアガラスの破壊
硬質ガラスが使われ、破壊することを想定している。
破壊可能。
脱出可能。
粉々に割れます。
ガラス破壊器具
オートポンチ。
レスキューハンマー。
ドライバー。
ドライバーやヘッドレストは、○部分をドアとガラスの間に挿し込んでこねる！
ヘッドレスト。
車が水没したら・・・
外と車内の水位が同じになったら、ドアを開放して脱出する。
ドアが開かないときは、窓ガラスを破壊して脱出する。
よし、今だ！
水圧が0

交通事故や火災・水没などで命に危険が迫っている場合で、ドアが開放しないときはガラスを破壊し、一刻も早く脱出しなければなりません。

しかし、子どもの閉じ込めや車内放置の場合は、緊急性があるのかないかを判断して、破壊行為を行うのか行わないのかを判断しましょう。

子どもが呼びかけに反応しない・様子がおかしいなどの症状があれば、熱中症やその他の緊急性の高い病気があるのかもしれません。

ただちに子どもから遠い側面の窓ガラスを破壊して、ガラスの破片が子どもにかからないように救出しましょう。

全てのドアの確認⇒開かない

↓

開いている窓の確認⇒なし

↓

緊急性があれば・・・
・火災、水没、崖から転落しそう、熱中症、心肺停止・・・

↓

ガラスを破壊して脱出

まずは、4コマのような脱出方法をとる前に、もっと安全な方法で脱出することを考えましょう。日頃から2方向避難を意識しておけば、無事に地上へ脱出できる確率が倍になります。

アパートやマンションなどの集合住宅なら、ベランダの仕切り板を破壊して、隣へ逃げることができます。一般の住宅では、飛び降りることを優先することなく、2階の窓やベランダから、1階の屋根の上に1度乗り移り、脱出することも考えておくと良いでしょう。より安全な方法で脱出できるように一度シュミレーションしておきましょう。

上階からの脱出

シーツやカーテンを引き裂いて繋なげて脱出する。
しっかりと結ぶんです。
ホースで脱出する。
水を通しておくと、熱に強くなります。
マットレスや布団を投げおろして、その上に飛び降りる。
飛び降りないと、焼け死にます。
助けを呼んで飛び降りて、受け止めてもらう。
飛び降りろ～

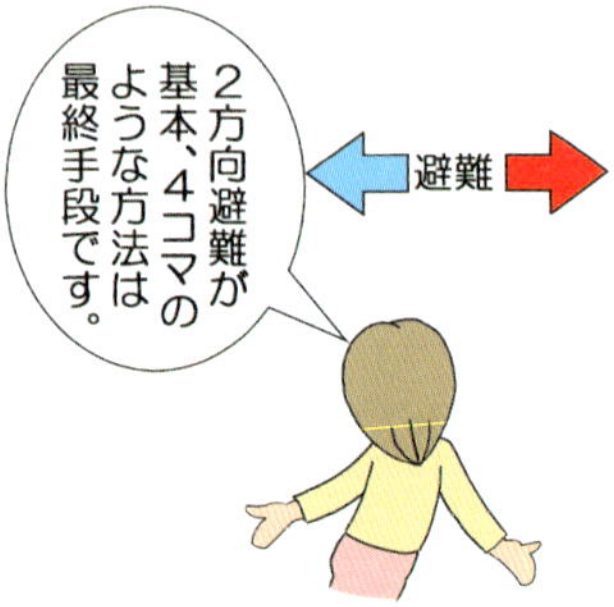
2方向避難が基本、4コマのような方法は最終手段です。
避難

家庭内で転落の可能性がある場所として、２階以上のベランダ・階段・屋根の上の作業中・庭の木に登って剪定作業中・はしごや脚立を使用した作業など、これらの転落事故は重症を負う可能性があります。

首や頭・腰など打ち所が悪ければ、頸椎損傷などを起こすハイリスクがあります。

また、高齢者や骨の弱い方は、骨折のリスクがアップしているので注意しましょう。

参考ですが、労働安全衛生法では、高所作業を２m以上と定め、墜落防止をするように規定されています。

転落防止

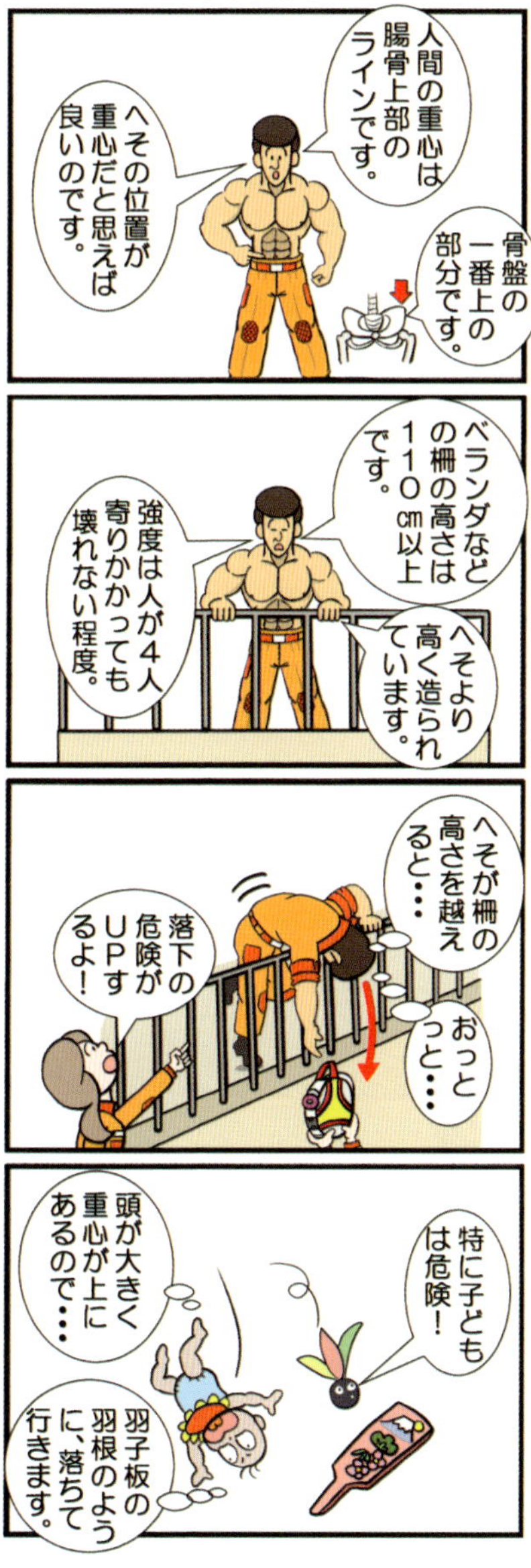
人間の重心は腸骨上部のラインです。
骨盤の一番上の部分です。
へその位置が重心だと思えば良いのです。
ベランダなどの柵の高さは１１０㎝以上です。
へそより高く造られています。
強度は人が４人寄りかかっても壊れない程度。
へそが柵の高さを越えると…
おっとっと…
落下の危険がUPするよ！
特に子どもは危険！
頭が大きく重心が上にあるので…
羽子板の羽根のように、落ちて行きます。

高所からの転落は、高エネルギー外傷の危険があるのよ。

高エネルギー外傷とは、大きな外力による生命の危険が大きいケガ。

通学路などで見かける看板で、「飛び出し坊や」がいます。児童の飛び出しによる交通事故を防止するのが目的で、各地で活躍しています。

運転手への注意喚起のため、雨の日も風の日も24時間働いています。中には、横断歩道の旗入れを兼ねるなど副業を兼ねる坊やもいます。

この坊やは、正式な名前はなく、飛び出し小僧・飛び出しくん・飛び太くん・飛びガキなど、地方によりいろいろなネーミングで呼ばれています。

しかし、こんな働き者の坊やにも反論があるようで、「飛び出さない坊や」のほうが正しいのでは、と言う意見があるようです。

飛び出し注意

子どもの飛び出し。
坊やっ、危ない！
しっかりと手を繋ぎ危ないことを教える。
子どもの飛び出し注意！
テケテケテケ
注意
高齢者の飛び出し。
反応が鈍くなっておるのじゃ。
ん？聞こえんのぅ～
フラ～
プップー！
自転車やスケートボードなどの飛び出し。
キャッホーィ。
一旦停止・安全確認！
動物の飛び出し。
注意
放し飼いにしない。
運転者が注意するしかない・・・

右よし左よし。
しっかりと安全確認するバウ！

倒壊建物からの救出

マンパワーを集めろ！
近くにあるものを使え！
皆で知恵を出し合え！
ああしよう…
こうしよう…
あれしよう…
そうしよう…
シミュレーションをやっておこう！
ウムッ…なるほどね～

地震や土砂災害などで建物が倒壊し、人が閉じ込められたり・挟まれたり・下敷きになったりしたら、あなたは、救助隊が来るまでにどんな方法で助け出しますか？

まずは、マンパワーの確保のため人をできるだけ集めることです。次に近くにある物を使って、どのように助け出すのかを考えましょう。倒壊した建物は複雑に積み重なっていますので、将棋の山崩しのように一つずつがれきを排除して行きましょう。マンパワーと近くにあるものと皆の知恵が助け出すための武器になるのです。

建物の解体現場などを見たときに、もしあそこに人がいたら、どのようにして助ければ良いのかなどを、シミュレーションしてみましょう。

二次災害が起らないようにがれきパズルを解いていくのよ！

サイレントタイムとは、地震や土砂災害による建物の倒壊・生き埋め事故の救助活動の際に、要救助者の居場所を知るために、重機や救助器具などの使用を一時的に止めて、声かけを行います。声かけの後は一定の時間静かにして、要救助者からの返事や、要救助者の出す物音がないかを聞き取ります。この静かにする時間を言います。

サイレントタイムは、1回で終わるのではなく時間を区切ったり、救助活動の合間に挟んだり、場所を変えたりしてこまめに継続して行うことがポイントです。また、要救助者への声かけは複数の人が一度に行うのではなく、1人がはっきりと分かりやすく行うことです。

サイレントタイム

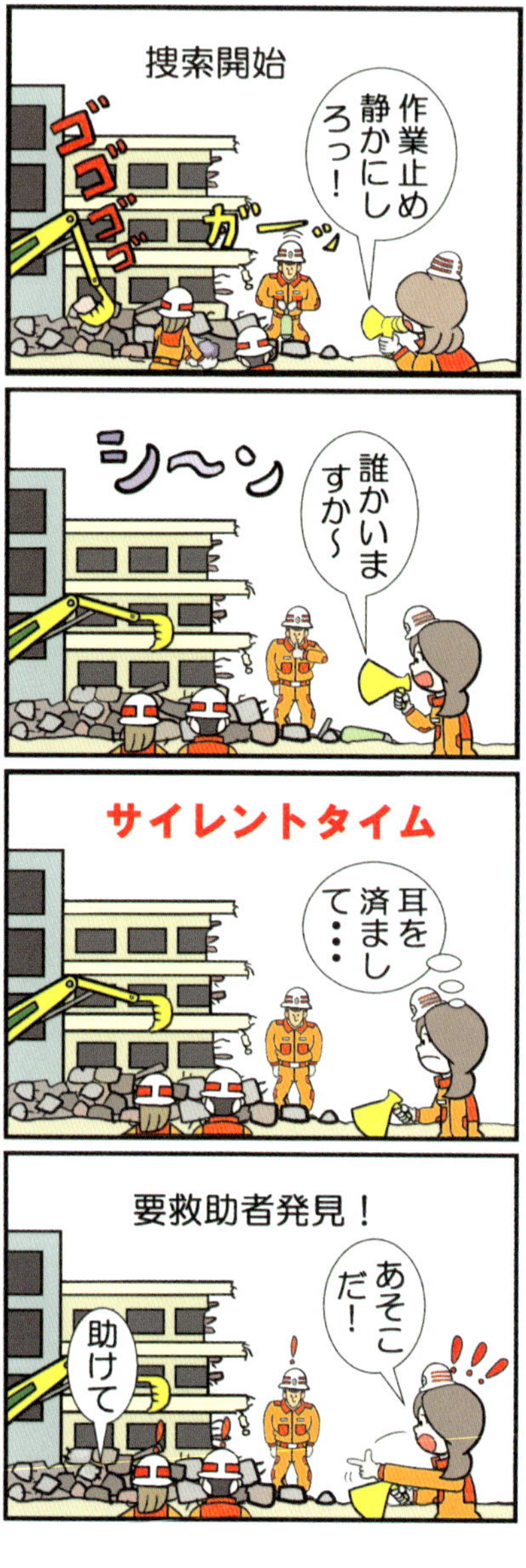
捜索開始
ゴゴゴゴ
ガーッ
作業止め静かにしろっ!
シ〜ン
誰かいますか〜
サイレントタイム
耳を済まして・・・
要救助者発見!
あそこだ!
!!!
!
助けて

アホ〜
サイレントタイムなのよ、静かにしてよ・・・

ロープの結び方

ロープを張る。
一回り二結び。
こっちにおいでバウよ！
立入禁止
ダメニャ～
ものを吊り上げる。
巻き結び。
ホース吊り上げ。
命綱にする。
もやい結び。
頑張って上がってきなさい。
ニ～
ロープを繋ぐ。
本結び。
端末を抜かなければ、靴紐の結びと同じバウ。

ロープの結び方を「分類」すると、ロープとロープを繋ぐ「結合」、ロープの端末や途中に結びを作る「結節」、ものにロープを結び付ける「結着」の3種類があり、ロープを人に結び付けることを「身体結着」と言います。

消防業界では、結びのことを「結索」と呼び、結索をしたときは、「結索よし」と言って「指差呼称」をして、結索がほどけて事故が起こらないように、しっかりと安全が確保されたことを確認します。

また、端末で1回結びを多く取ることで確実性を担保する「半結び」という結びをします。皆さんも、ロープを結んだときは、「結索よし」と「指差呼称」をしましょう。

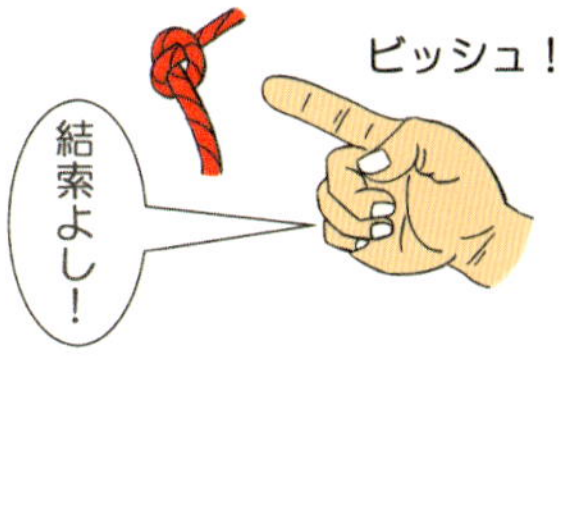
ビッシュ！
結索よし！

ロープの結び方はいろいろありますが、知っていても実際にできなければ役に立ちません。失敗する典型的なパターンは、形だけを手の動きで覚えることで、自分ができると錯覚していることです。これは、身体で覚えろという、教え方の典型的な間違いです。

まず、頭で理解することができていないと、災害現場で状況に合わせた結びをすることができません。結ぶ方向とか相手に結ぶなど、臨機応変能力が必要です。

困ったときは、4コマで説明している通り、「ロープを殺していく」だけで、自然と解けない結びができあがる、ということを思い出してください。

結びの基本

ロープを殺す。
ロープを押さえるのです。
最低3回殺せば、結びが成立します。
①
②
③
①
②
③
④
⑤
⑥
本結びは6回殺しています。
止め結び1番単純な結び。
こうなるのです。
殺せていないロープは、両端末を引っ張るとどうなる？
結びは形で覚えるのではなく、理屈で覚えるのです。

頭で理解する
身体で覚える
臨機応変な結び
実戦で使える！

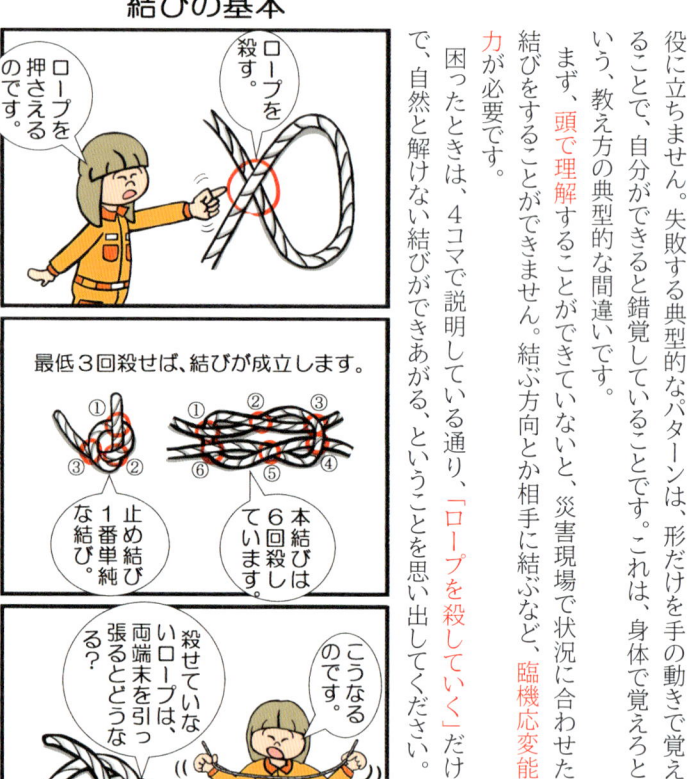

結びは便利

はしごを固定します。
はしご固定よし！
ホースを吊り上げます。
吊り上げよし！
ロープを張ります。
入っちゃダメよ！
関係者以外立入禁止！
落下防止をする。
支持物と身体をロープで繋ぐ！
落下防止よし！

4コマは消防の現場での結びを紹介していますが、他にも火災現場や救助現場などで消防警戒区域などを設定し、一般の人が危険な区域へ立ち入らないように、ロープを張って立入禁止を知らせたり、煙の中や暗くて見えない場所では、ロープを引っ張ることで合図を送り、意思の疎通を図ったりします。

また、子どもの綱引きや縄跳びなどの遊びにも利用されるなど、たくさんの用途が考えられます。

工夫次第でいろいろなことができるところが、ロープを使用した結びの便利なところなのです。

消防警戒区域とは、災害現場で一般の人の立入を制限・禁止し安全を確保するためのものです。

＊基本的に消防が設定します！

レスキュー

ロープによる救出をするための基本的な装備には、個人の装備として「小綱×1本」「カラビナ×1個」、メインとなる「30ｍロープ×1本」があれば、高低差10ｍくらいまでの救出活動が可能です。これは3階建ての建物の高さを、イメージしてもらえれば分かりやすいと思います。通常のはしごがとどく範囲だと理解しておくと良いでしょう。

小綱とは、4~5ｍ程度の長さのロープで、これを使って「命綱」や「座席」「ゼルプストザイル」などの身体結着を行い、高所での落下防止・ロープを渡ったり・ロープを降りたりすることができるのです。

ロープ等を装備しよう！

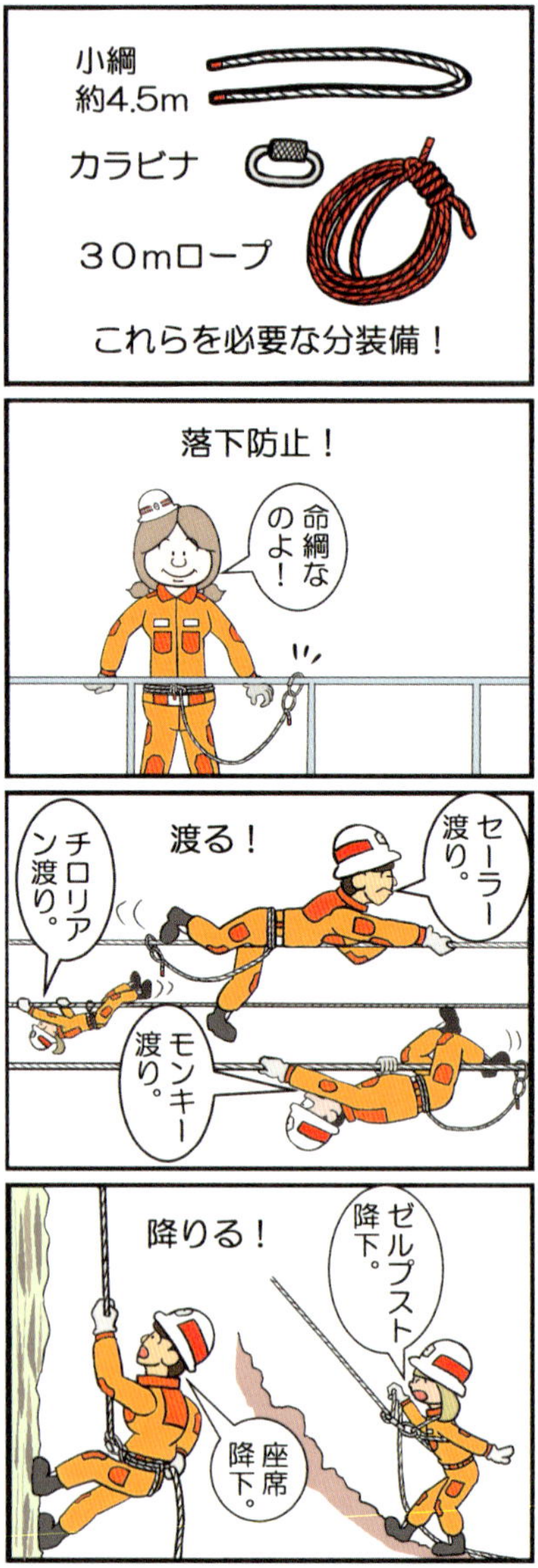
小綱
約4.5m
カラビナ
30mロープ
これらを必要な分装備！
落下防止！
命綱なのよ！
渡る！
セーラー渡り。
チロリアン渡り。
モンキー渡り。
降りる！
ゼルプスト降下。
座席降下。

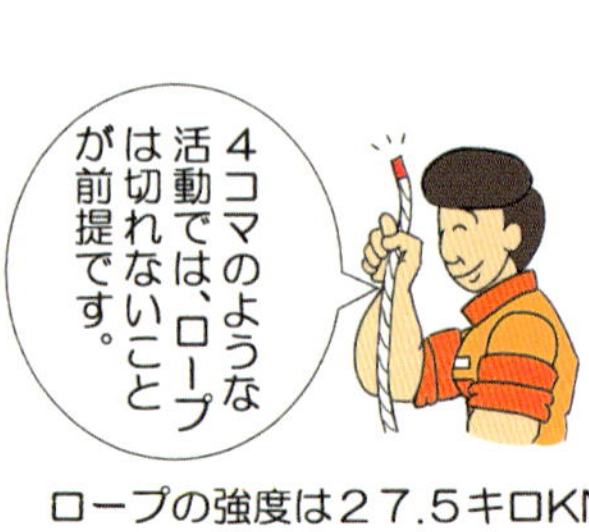
4コマのような活動では、ロープは切れないことが前提です。

ロープの強度は27.5キロKN
（JIS2704基準）

命綱を作ってみましょう！　この結び方は消防業界では、「命綱結び」と呼ばれています。高所での落下防止やロープを渡るときに使用します。

1コマ目では、ロープの片方の端末で「もやい結び」を作りカラビナをかけます。

2コマ目では、カラビナが地面に着かないくらいの長さで、へその前でロープを内側にひねってループを作ります。

3コマ目では、ループをロープで抑えながら腰に2周巻き付けます。

4コマ目では、胴に巻き付けた端末でもやい結びを作ります。このときの、もやい結びは最初に作ったもやい結びと形は同じですが、胴に2周巻き付けているだけの違いです。ロープの流れを良く見て作りましょう。

命綱を作ろう！

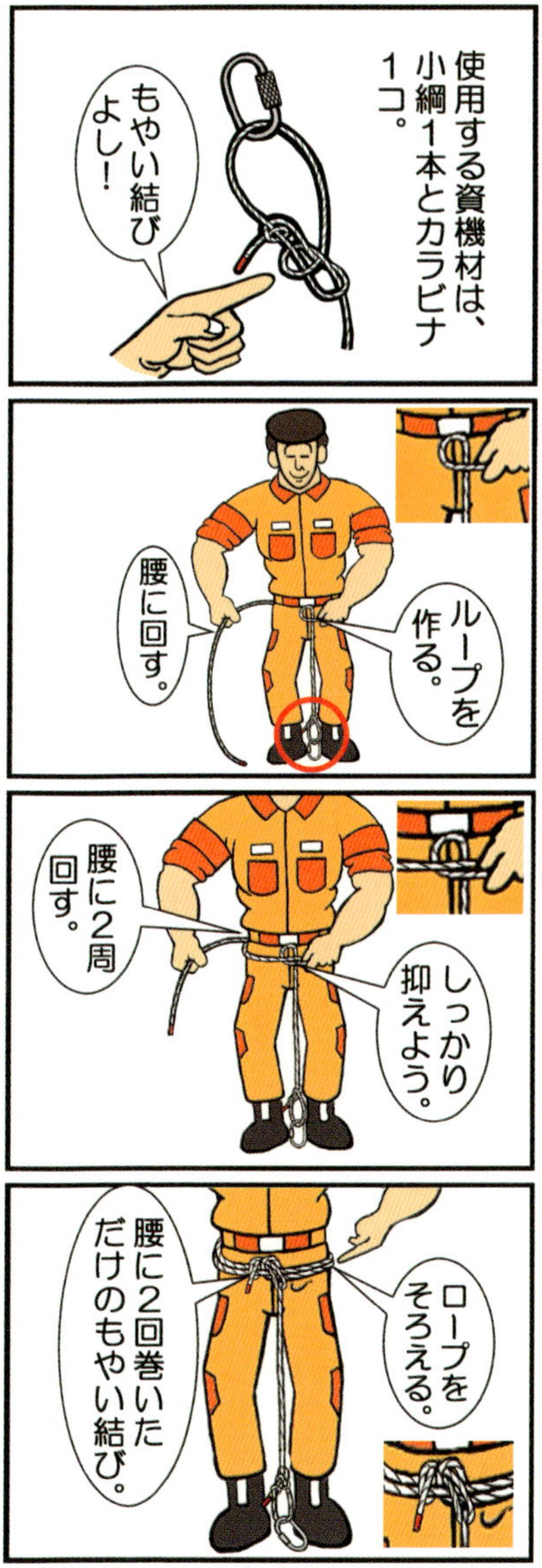
使用する資機材は、小綱1本とカラビナ1コ。
もやい結びよし！
ループを作る。
腰に回す。
しっかり抑えよう。
腰に2周回す。
ロープをそろえる。
腰に2回巻いただけのもやい結び。

あなたの大切な命を守るための結びです。
しっかりと作りましょう！

座席を作ってみましょう！　この結び方は消防業界では「座席結び」と呼ばれています。ロープを渡ったり、降下したりするときに使用します。

1コマ目では、小綱を腰から前へ回して、右側の端末を30㎝くらい長くして、へその下あたりで「本結び」を作ります。

2コマ目では、両方の端末を股に通し腰のロープに「半がけ」を作ります。

3コマ目では、両方の端末を前にもってきて、右手に持った端末を股のロープの左側に通し左体側で本結びを作ります。

4コマ目では、右側のロープ（本結びと股のロープ）3本にカラビナをかけて完成です。カラビナの向きに気を付けてください。

座席を作ろう！

使用する資機材は、小綱1本とカラビナ1コ。
本結び。
30㎝
股に通す。
半がけ。
本結び。
通す。
カラビナ。

カラビナの向きは、この通りだよ！

ゼルプストザイルを作ろう！

使用する資機材は、小綱1本とカラビナ1コ。
本結び。
輪っか状
本結びが身体に当たると痛いよ。
本結びの位置に注意。
本結び。
カラビナ。

ゼルプストザイルを作ってみましょう！　この結び方は、斜面を降りたり資機材をカラビナで掛けて搬送したりするときに使用します。

1コマ目では、ロープの両端末で本結びを作り小綱を輪っか状にします。

2コマ目では、作った輪っかを身体の後ろから前へ回します。片方のロープは、肩と横腹の位置を通り、もう片方のロープは、横腹を通ります。作った本結びが、左わきの下に位置するようにしましょう。

3コマ目では、両方のループで本結びを作ります。

4コマ目では、両方のループにカラビナを掛けて完成です。

山での救助などに使用するんだよ！

1コマ目のチロリアン渡りは、座席結びを利用して背面になり、ロープにぶら下がった状態で腕力だけで渡ります。比較的楽に渡れます。

2コマ目のセーラー渡りは、命綱結びを利用してロープの上を渡る方法です。片足を下げてバランスを取りながら、腕力と片方の足の蹴りで渡ります。ロープの上なので途中で休むことができます。

3コマ目のモンキー渡りは、命綱結びを利用してロープにぶら下がった状態で、お猿さんのように渡たります。ロープの下なので休むことは困難です。

4コマ目の根性渡りは、命綱結びを利用して、ぶら下がった状態で腕力のみで渡ります。力尽きて落ちたら終わり、実践的ではありません。

ロープの渡り方

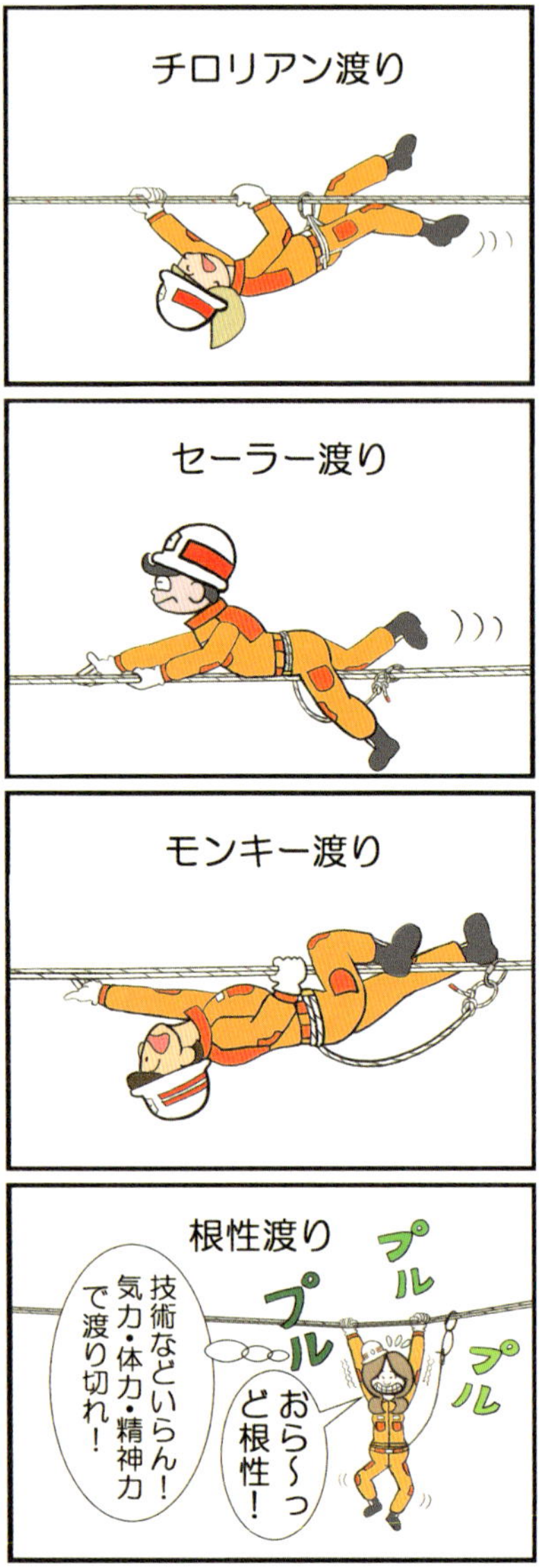
チロリアン渡り
セーラー渡り
モンキー渡り
根性渡り
技術などいらん！気力・体力・精神力で渡り切れ！
プル
プル
プル
プル
おら〜っど根性！

斜降
降りることもできるバウよ。

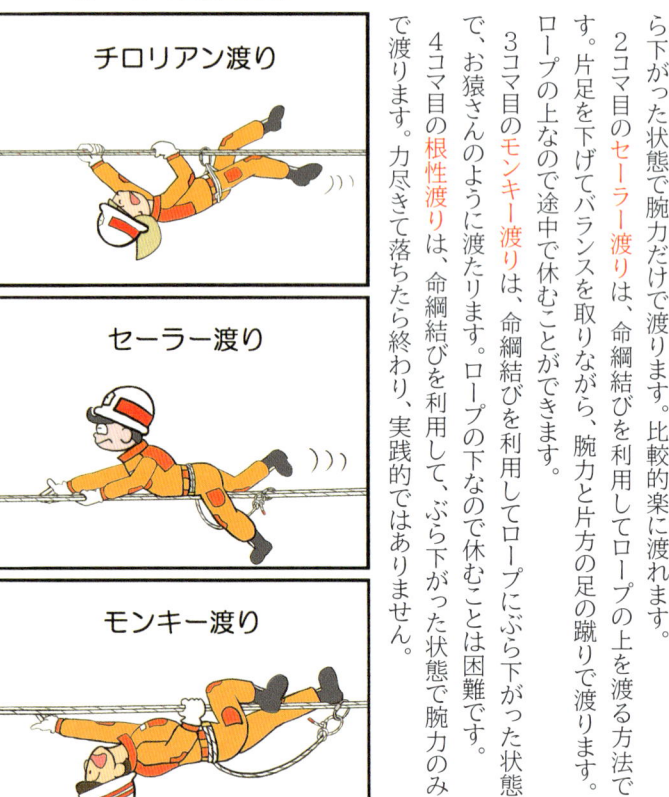

懸垂降下とは、座席結びを利用した降下方法で、垂直な壁面や崖などを降りるときの方法です。降下用ロープは2つ合わせで使用します。

途中で障害物があればオーバーハングで飛び越えたり、途中で作業姿勢をとって手をロープから放して作業をしたりすることができます。

ヘリコプターなどから、空中を宙ぶらりんの状態で降りる、ラペリング降下も同じ要領です。

このようにとても便利に思えますが、欠点もあります。一度降り始めたらその状態では、上へ戻ることができません。失敗が許されないシビアな降下方法なのです。

懸垂降下

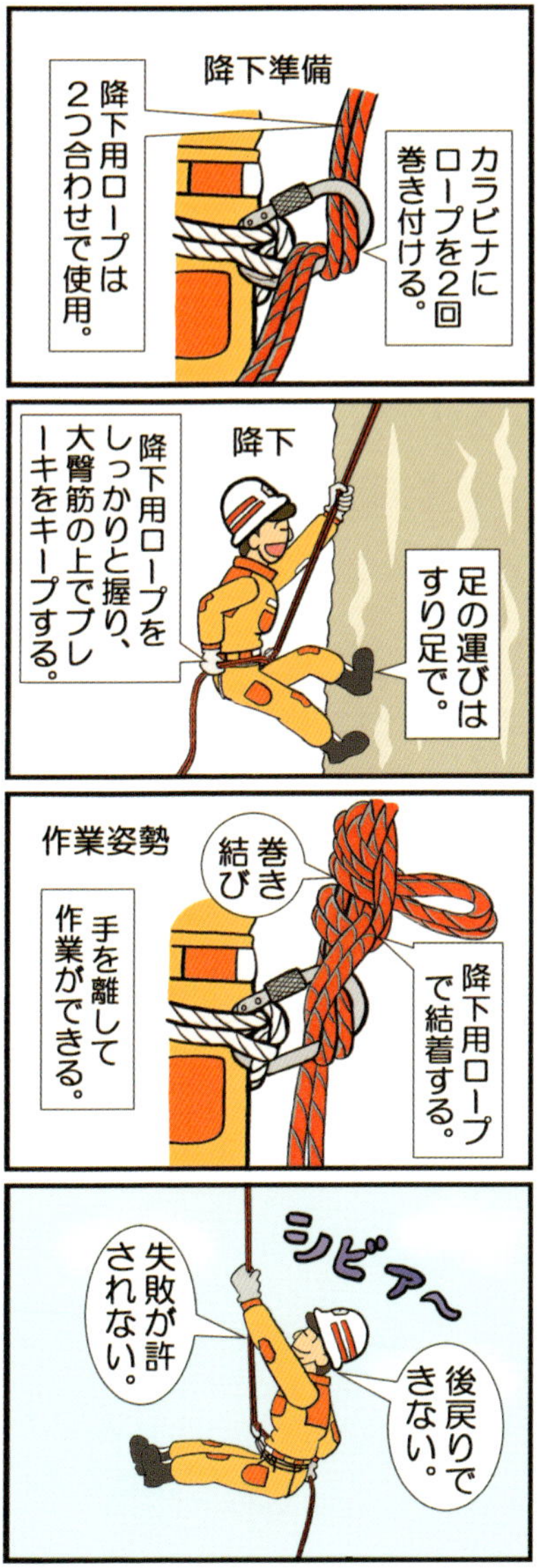
降下準備
カラビナにロープを2回巻き付ける。
降下用ロープは2つ合わせで使用。
降下
足の運びはすり足で。
降下用ロープをしっかりと握り、大臀筋の上でブレーキをキープする。
作業姿勢
巻き結び
降下用ロープで結着する。
手を離して作業ができる。
シビアへ
後戻りできない。
失敗が許されない。

救助大会の障害突破では緊急脱出をするんだ!
首がらみ

輪っかを作って背負い搬送をしてみましょう。1コマ目では、5mくらいのロープの両端末で本結びを作ります。要救助者のわきと膝の後ろに、ロープが位置するように背負います。自分の胸の辺りで左右のロープを折り返し、本結びを作って完成です。

2コマ目では、ロープにフューラー結びを数カ所作って、編み込んで行きハンモック状にすれば布担架の代用になります。さらに3コマ目のように、棒を使って外枠を作れば、より安定した搬送が可能になります。

4コマ目では、要救助者の胴に4mくらいのロープをかけて、引きずって搬送しています。消防救助大会のほふく救出訓練で使う方法です。

ロープで搬送

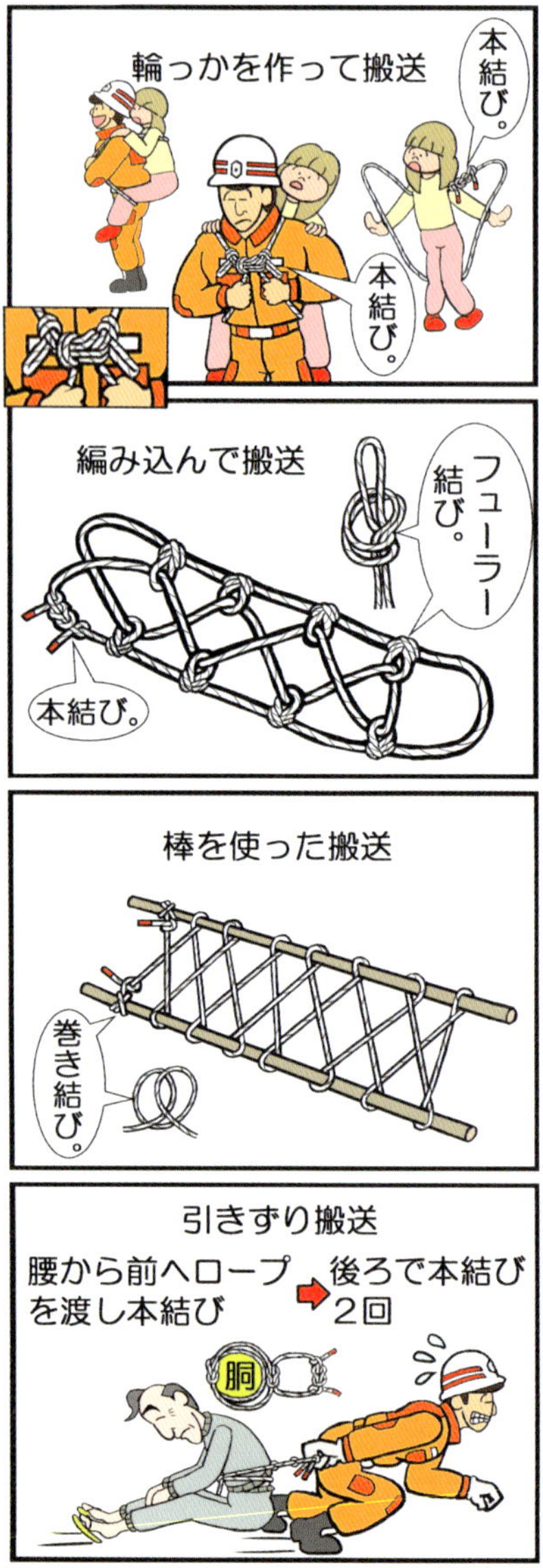
輪っかを作って搬送
本結び。
本結び。
編み込んで搬送
フューラー結び。
本結び。
棒を使った搬送
巻き結び。
引きずり搬送
腰から前へロープを渡し本結び
後ろで本結び2回
胴

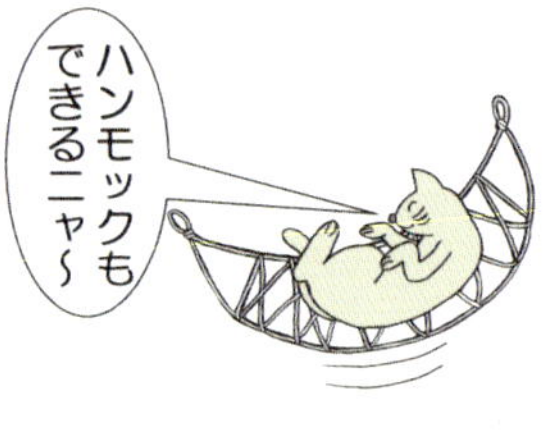
ハンモックもできるニャ～

要救助者を救出するために結ぶことを「身体縛着」と言います。救助隊であれば要救助者用の縛帯やハーネスなどの、専門の器具を使用します。次に使用できそうなものは、墜落制止用器具（全身ハーネス）や安全ベルトなどの高所作業用の器具があります。一般の皆さんがすぐに使用できる身近なものは、ロープということになります。

私は、無理に「身体縛着」をしなさいとは言いません、これはあくまでも最終的な手段だと、理解しておいてください。「身体縛着」に興味のある方は、4コマでは分かりにくいと思いますので、自己研鑽してみてはいかがでしょうか？

要救助者の結び方

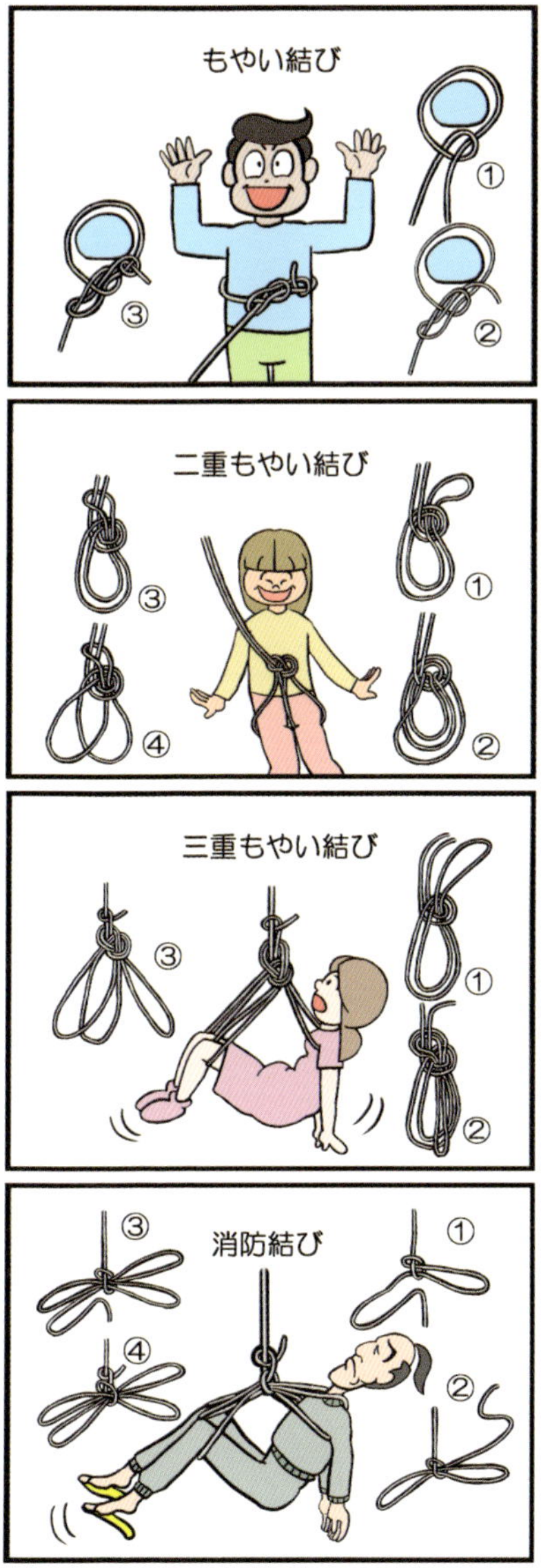
もやい結び
①
②
③
二重もやい結び
①
②
③
④
三重もやい結び
①
②
③
消防結び
①
②
③
④

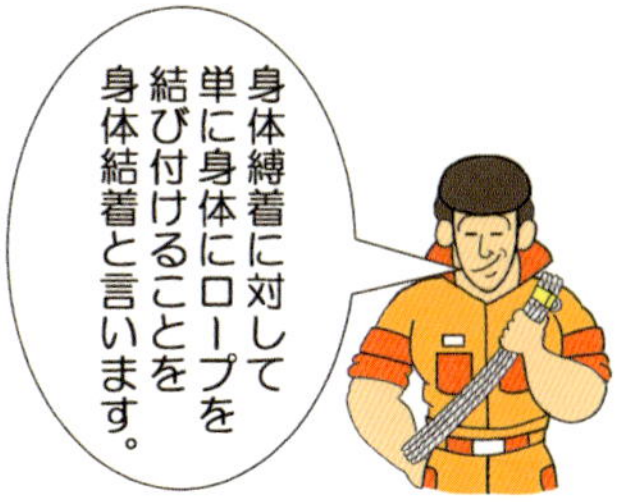
身体縛着に対して
単に身体にロープを
結び付けることを
身体結着と言います。

一般の人は、高低差のある場所で活動を行うときに、どの程度の傾斜でどの程度の活動ができるのか、全く予想がつかないと思います。このような状態で、いきなり高い所から降下することは非常に危険です。

最悪、降下した救助者が事故を起こし、レスキューどころではなくなります。

そのためには、自分がどの程度の傾斜でどの程度の活動ができ、どのような方法で降下できるのかを熟知しておくことが大切です。

4コマのように、身体にロープを巻き付けて降下する方法を、「身体がらみ」と言います。

ロープ１本で降下

手で握って
傾斜角度の緩い場所を降りるのよ。
ロープに節を作ると手が滑りません。
腰に回して
腰の抵抗で降下します。
腰確保と同じ要領です。
首絡み
体全体の抵抗を使って降下するんだよ！
木などの抵抗を利用
降下した後でロープの回収ができるよ！
胴体にもやい結びです。

より安全な方法で下に降りるニ～

ロープ１本で直引きレスキュー

救助者を降下させる。
確保。
頑張れバウ！
降下〜
頑張るニャ〜
みんなで力を合わせるのじゃ！
要救助者をロープで結ぶ。
結索よし！身体縛着よし！救出準備よし！
何か、専門用語言っとるのぅ。
みんなで引き揚げる。
頑張るバウ！
もう少しだ、あきらめるな！
ブラ〜ン
救助者の脱出。
バンザ〜イ！
救出完了！
お〜いロープを降ろしてよ〜
めでたし、めでたし。

４コマは、「縦のレスキュー」の事例です。高低差があるため、上と下の連携が重要なポイントになります。消防隊であれば無線機やトランシーバーなどを使用しますが、一般の人なら、大声で知らせる・身振り手振りで知らせる・笛や音で知らせる・ライトの点滅などで知らせる・ロープを引っ張って知らせるなどいろいろな方法が考えられます。

例えばロープなら大きく1回引くと「はじめ」・2回引くと「よし」・3回引くと「発見」・連続して引くと「退出」などが決められています。皆さんも、いろいろな方法での合図を決めておくと便利ですよ。

単純明快、ロープ１本で真っ向勝負。綱引きと同じだ！

この救助方法は、災害の規模にもよりますが、非常に困難な活動の1つと言えます。自然を相手にレスキュー活動を行うのですから、自然の驚異と人間の非力さを、思い知らされることになります。

災害の規模が大きい場合は、無理をせずレスキュー隊に任せましょう。

日頃の川の状況を熟知している・流れが緩い・水深も浅い・川幅も狭い・救助者の人数も十分で安全が確実に担保できるのであれば、4コマのような活動も可能であると言うレベルで、認識しておいてください。

ロープ１本で対岸レスキュー

ロープを対岸へ渡す。
ロープを木に結びつけて。
ここよ～
ロープの端末を結んで重りを作ります。
命綱を着けて対岸へ渡る。
行けぇぇ～
早く早く～
救出方法。
背負って。
自力で歩く。
ロープで結ぶ。
・要救助者の様態に応じた救出をします。
要救助者を救出。
ワシを忘れとるぞ～い。
良かったね～
めでたし、めでたし。

もしものために救命胴衣があれば着用しましょう！

このレスキューは、「滑車の原理」を使って救助する方法です。理論上では3倍力にすると、使う力は3分の1になるのですが、ロープや滑車の摩擦抵抗が＋されて3倍の力を発揮することは不可能です。引く距離も3倍になります。

注意しないと複雑な仕組みは事故を起こし、救助者に重篤なけがを負わせることになります。安全・確実・迅速に救助するのであれば、人を集めて誰もが分かりやすい方法をとるべきです。「人こそ人命救助の最高のアイテム」なのです。

倍力でロープレスキュー

直引き。
重量物の重さがダイレクトに伝わる！
真っ向勝負です。
姿勢が大切だよ。
2倍力。
引っ張る力は半分、距離は2倍。
なるほど…
3倍力。
引っ張る力は3分の1、距離は3倍。
複雑だ…
まずは…
人を集めることです！
3倍力なのよ。
簡単だね！
ワッセ
ワッセ
•複雑なことを考えるより、シンプルに！

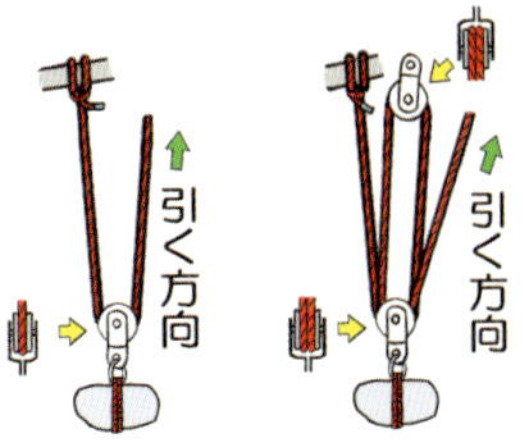
引く方向
引く方向

シングル滑車で2倍力　W滑車で6倍力

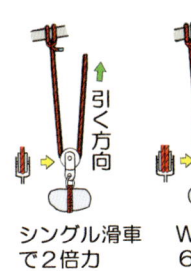

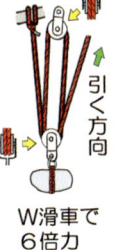

レスキュー

レスキューの目的は、人命の救助です。しかし、4コマのような事例もまれにあります。人を助けるという点では同じことです。

学生が別れ話に困っています。「恋愛災害」からレスキューすることも、事故や火災からレスキューすることと基本は同じです。

まず、事故現場から一時的な救出をして危険を回避します。次に事故となる原因を断ち切り、二次災害の防止をします。

そして、要救助者の社会復帰を考えます。学生は、無事に恋愛災害から救助されて、新しい人生を前向きに歩んで行くことでしょう。

・・・と思います。

恋愛レスキュー

救助係
人が誘拐されそうです。
こらっ、学生っやめろ！
いや～
いったいどうしたんだ、学生？
彼女が別れるって言うんです。
人生いろいろあるんだ！
別れろっ。
こまけぇぞっ！
はい。
大丈夫。

恋愛災害は、心と言葉で救助する特殊な災害なんだ。
恋愛救助ほど面倒なレスキューはないなぁ・・・

町中危険探索とは、危険に対する意識を高め近所をぶらぶらと散歩することで、日頃気が付かなかった危険を見つけることです。

人それぞれ、危険に対する認識や捉え方は違うと思いますが、客観的に見て判断することが大切です。

4コマのような事例は、ハード面での物理的な危険ばかりを取り上げていますが、近所に怪しい人がいるとか、危険なことをしている人がいるとか、ソフト面にも注意を向けて町中危険探索をすることで、もしものときにより危険からの回避がスムーズにできるのではないかと思います。

個人的な意見ですが、一番危険なのは、ある意味うちの嫁さんなんですよ。

徘徊はダメよ！
町中危険探索じゃっ。

町中危険探索

道路の窪み
足もとに気をつけよう。
下敷きにならないように注意しよう。
倒れそうな塀
落下しそうな看板
落目商事
頭上に注意！
崩れそうな崖
近づかないようにしよう。
みんなで町中危険探索をしてみようバウ！

災害現場のような、非常事態に現れて、でまを流し現場を混乱させ、いつの間にかいなくなる妖怪がいます。この妖怪を私達は、「でまババア」と呼んでいます。

災害現場で消防士が必死に活動をしていると、いつの間にかどこからか現れて、気が付くと横にいたり背後にいたりして、目でも合おうものなら、待ってましたとばかりに、見ても聞いてもないのに、ありもしないことや、想像したことを、真実のようにペラペラとしゃべりまくり、消防隊を混乱させるのです。そして、満足したらいつの間にかいなくなるのです。全く困った妖怪です。

でまに惑わされるな

救急現場で・・・
見ても、聞いてもないのに・・・
・・・のようでした。
えっ、何っ。
火災現場で・・・
なんの根拠もなく・・・
・・・らしいよ。
本当ですか？
レスキュー現場で・・・
関係のないのに・・・
・・・みたいですよ。
なんだって！
災害という異常な状態が
「でまババア」を出現させるのです。
で、あんた誰よ？
ピッ
通りがかりのおばさんです。
確かな情報に耳を傾けよ！

ワシは、じゃまジジイじゃっ。
うしゃしゃしゃしゃしゃ～
本人は善意で手伝っているつもりで、二次災害を発生させる妖怪。

その他のレスキュー事例1

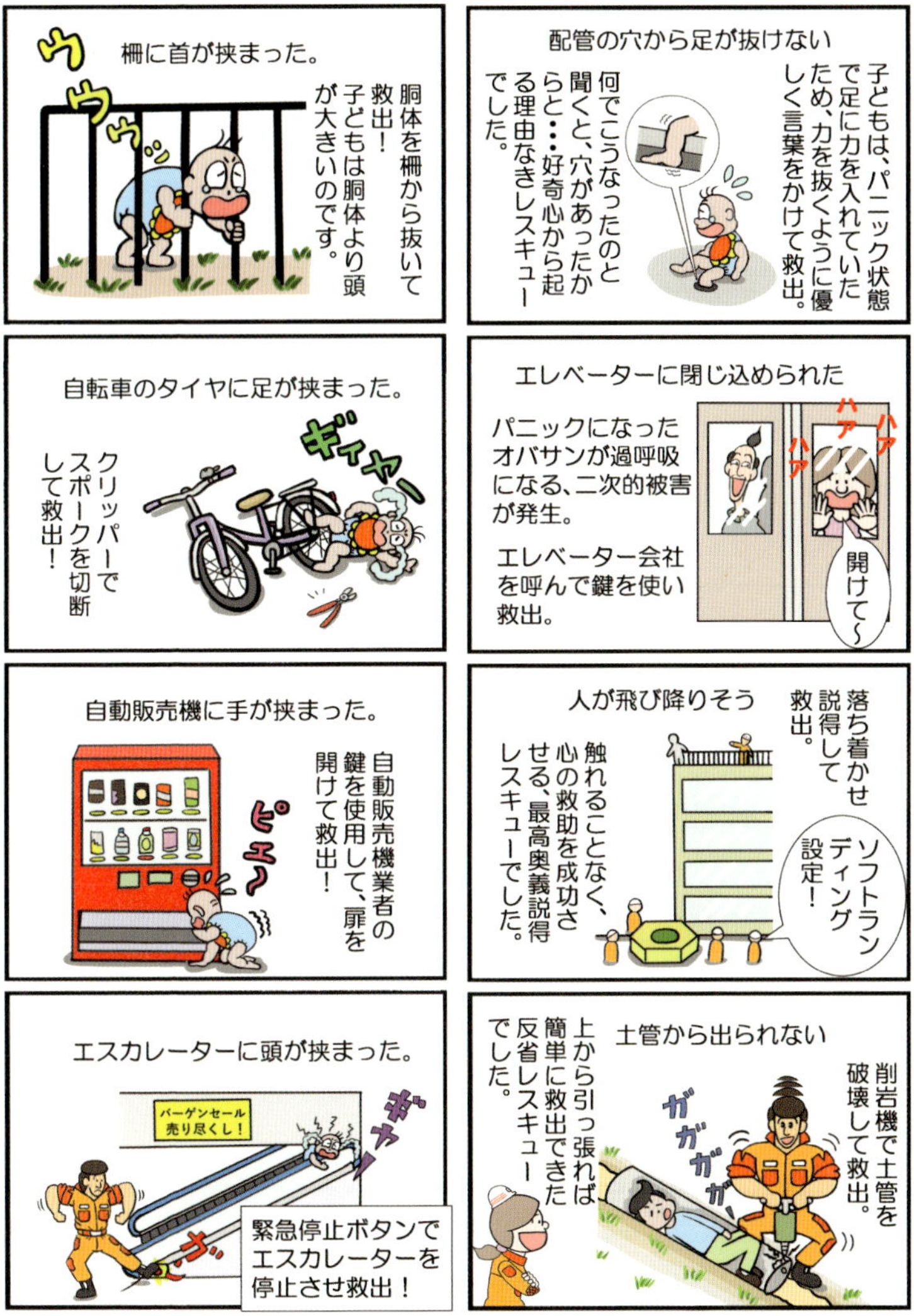
配管の穴から足が抜けない
子どもは、パニック状態で足に力を入れていたため、力を抜くように優しく言葉をかけて救出。

何でこうなったのと聞くと、穴があったからと…好奇心から起る理由なきレスキューでした。

ウゥウゥ
柵に首が挟まった。

胴体を柵から抜いて救出！子どもは胴体より頭が大きいのです。

エレベーターに閉じ込められた
パニックになったオバサンが過呼吸になる、二次的被害が発生。

エレベーター会社を呼んで鍵を使い救出。

ハァハァハァ
開けて〜

自転車のタイヤに足が挟まった。

ギィヤー
クリッパーでスポークを切断して救出！

人が飛び降りそう
落ち着かせ説得して救出。

触れることなく、心の救助を成功させる、最高奥義説得レスキューでした。

ソフトランディング設定！

自動販売機に手が挟まった。

ピエ〜

自動販売機業者の鍵を使用して、扉を開けて救出！

土管から出られない
削岩機で土管を破壊して救出。

上から引っ張れば簡単に救出できた反省レスキューでした。

ガガガガ
エスカレーターに頭が挟まった。

バーゲンセール売り尽くし！

緊急停止ボタンでエスカレーターを停止させ救出！


現場をしっかりと観察することで、事故原因が解明され、レスキューの方法が導きだされます。

その他のレスキュー事例2

木から降りれない
はしごを木に立てかけて救出。
落下防止よし！
はしごで救出
介添え救出なのね。
ゴミ屋敷から出られない
ゴミをひたすら排除して救出。
かたづけろ・・・
サイロに転落・埋没
埋まらないようにするのよ！
屋根の上で意識不明
舟形担架に収容してロープで吊り下げて救出。
救出開始！
ロープ緩め～る。
車が海に転落
水難救助なのね！
斜面を滑落
舟形担架をロープで引っ張り救出。
ロープ引け～
ズルズル
ロープ引っけ～
レスキュー職人の最終到達域・・・
知識、技術、体力、気力、精神力、チームワークなど。
これらを発揮するためには・・・
力の加減や方向、タイミングといった訓練や経験から培われた感覚なのです。

おわりに

「生き残る術」を最後まで読んでいただき、ありがとうございます。

この本は、あなたとあなたの愛する人が安全・安心な日常を送る限り必要のないものかもしれません。

そして、いつの日か本棚の片隅にひっそりと立てかけられ、やがては忘れ去れる運命にあるのかもしれません。

しかし、それが正解なのです。この本を必要としない日常を不安なく楽に生きることこそあなたとあなたの愛する人にとって大切なことなのですから。

私もそうなることを願っています。どうかこの本が役に立つようなことになりませんようにと・・・

今回、あなたは心肺蘇生法・火災・救助と3つのジャンルについての知恵と技を学ぶことができたのではないかと思います。

しかし、これで「生き残る術」はおわりではありません。まだ自然災害・救急というジャンルが残っています。

それを学び5つのジャンルをクリアーしなければ卒業ではありません。

引き続きそれらを学んで行くことをおすすめするとともに、これからもあなたとあなたの愛する人の安全・安心を願い感謝の気持ちとさせていただきます。

絆マンTA

絆マンＧＡ

1963年福岡県で生まれる。

現役の消防士、防災士、応急手当指導員、北九州ゆかりの漫画家、消防機器発明家。

1981年高校卒業と同時に北九州市消防局の消防士となる。以来44年に渡り災害現場の第一線に立ち危険と戦い続け、警防小隊、救急隊、特殊車隊、救助隊などを担当し災害現場でのオールマイティなスキルを身につける。

1997年消防隊長となり特別救助隊長として多くの命を救い、その何百倍以上の命が失われて行くのを見届けてきた。1990年雲仙普賢岳噴火、1995年阪神淡路大震災、2016年熊本地震、2018年西日本豪雨など広域甚大な災害とも戦い、生き残るために必要な自助・共助の大切さを再認識する。

2024年自助・共助の取り組みの強化を目的に安全・安心をマンガでクリエイティブにサポートし、安全・安心の先にある日常を楽に生きるをモットーに「生き残る術」を武器に絆マンGAに変身する。実体験で培ってきた災害現場で直接役に立つ消防士の知恵と技を伝授、体験談や事例などを伝えることで多角的な角度から生き残る確率をアップさせる取り組みを実施。

また、災害現場で役に立つ数々の消防アイテムを開発し現場の消防活動に貢献。企業や小学校などへの4コマ漫画による防災学習などの取り組みを実施。


消防士の知恵で生存率が飛躍的アップ！　生き残る術

2025年　1月　10日　　初版発行

著者　絆マンＧＡ
発行者　千葉慎也
発行所　合同会社 AmazingAdventure
（東京本社）　東京都中央区日本橋3－2－14
新槇町ビル別館第一　２階
（発行所）　三重県四日市市あかつき台1－2－108
電話　050－3575－2199
E-mail　info@amazing-adventure.net

発売元　星雲社（共同出版社・流通責任出版社）
〒112-0005 東京都文京区水道1-3-30
電話　03-3868-3275

印刷・製本　シナノ書籍印刷

※価格は表紙に記載しております。

ISBN978-4-434-35154-9　　C0036